# LE BONHEUR

## OASIS

## II

channelé par
*JRobert*

## BERGER
POCHE

Couverture : Pierre Desbiens, Desgraphes

**11-Le bonheur**

© **Éditions Berger A.C. 2000 (format de poche)**
C.P. 48727, CSP Outremont
Montréal (Québec) Canada H2V 4T3
Téléphone : (514) 276-8855 Télécopie : (514) 276-1618
editeur@editionsberger.qc.ca • http://www.editionsberger.qc.ca


Dépôts légaux : 2$^e$ trimestre 2001
Bibliothèque nationale du Québec
Bibliothèque nationale du Canada

ISBN 2-921416-34-4

**Distribution au Canada : Flammarion**
(Socadis) 350, boul. Lebeau, Saint-Laurent (Québec)
Canada H4N 1W6 Téléphone : 514-331-3300
Télécopie : 514-745-3282 Sans frais : 800-361-2847

**Distribution en France : D.G. Diffusion**
Rue Max Planck, C.P. 734, 31683 Labège Cedex France
Téléphone : 05-61-62-70-62 Télécopie : 05-61-62-95-53


Imprimé au Canada
1 2 3 4 5 IT 2005 2004 2003 2002 2001

# À propos d'Oasis

*O*asis est le nom collectif donné aux quatre Cellules qui parlent à travers JRobert. Ces quatre unités d'énergie sont les porte-parole de milliards d'autres qui forment, contrôlent et édictent les lois qui régissent l'Univers. Elles se désignent elles-mêmes du terme Cellule pour faire comprendre que leur rôle et leur fonctionnement dans l'Univers est à l'image des cellules du corps humain, et pour nous rendre conscients que l'univers extérieur est comme notre univers intérieur.

## L'origine du nom

*D*ans leur dimension, les Cellules ne portent pas de nom. Aussi ont-elles proposé au premier groupe à paraître devant elles de leur choisir un nom correspondant à l'état d'être qu'il ressentait en leur présence. C'est ainsi que le nom Oasis fut choisi. JRobert en fit une illustration qui devint l'emblème de ses activités et de la collection de livres.

## L'emblème

*L*'emblème d'Oasis joue un rôle important. À travers lui, il est possible de contacter les Cellules :

« Nous vous avons dit de demander lorsque vous aurez besoin de nous. Nous vous avons même dit comment vous y prendre. Si vous ne pouvez percevoir nos énergies, vous n'avez qu'à imaginer l'emblème et vous aurez perception de nous. Nous comprenons l'association et nous entendrons. Oh, direz-vous, vous êtes quatre : qu'arrivera-t-il s'il y avait 200 personnes qui visualisaient simultanément votre emblème ? Ne vous en faites surtout pas pour cela car, en fait, nous ne faisons qu'un, donc vous aurez tout de même ce que vous aurez demandé. Faites l'essai, vous verrez... » – Oasis (*août 1990*)

## La mission

« Vous dérangez ». Ces simples mots résument pourquoi les Cellules ont choisi d'intervenir sur notre planète. Nous dérangeons les autres mondes auxquels nous sommes interreliés, que nous en soyons conscients ou non.

Leur espoir, c'est que nous acceptions de changer individuellement pour que notre profond goût de vivre rayonne et se propage autour de nous. Leur espoir, c'est aussi que nous soyons toujours plus nombreux à réussir la fusion de notre Âme et de notre forme afin de rétablir l'équilibre de notre planète et de l'Univers.

Par leurs paroles et par leur présence à travers l'emblème, les Cellules nous apportent un véritable soutien afin que nous apprenions à renaître et à donner du sens à nos vies.

## Le channel

*J*Robert est le pseudonyme du channel à travers qui, depuis 1981, parlent les quatre Cellules surnommées Oasis. Les messages reçus durant les transes sont publiés dans les *Entretiens avec*

*Oasis.* La collection Oasis, c'est donc d'abord cette œuvre encore en devenir, mais c'est aussi l'ensemble des travaux du channel à l'état d'éveil.

## *Médium malgré lui*

Robert est né le 25 juillet 1950 dans une famille catholique de Montréal, au Québec. Rien dans sa vie ne semblait le destiner à la tâche qu'il accomplit auprès d'Oasis depuis septembre 1981. Comme il se plaît à le raconter aux gens qui le rencontrent pour la première fois, lorsqu'il était enfant, il aimait jouer des tours et on avait bien du mal à le punir parce qu'il riait tout le temps. Sauf pour l'habitude qu'il avait de réciter répétitivement son chapelet et qu'il assimile maintenant à des exercices de concentration, rien ne le préparait spécifiquement à être channeler. À l'école, il obtenait tout juste les notes de passage et il ne s'en souciait pas vraiment. Il a travaillé pendant trois ans dans l'entreprise familiale, pour ensuite devenir tour à tour policier [gendarme], programmeur-analyste et chef d'entreprise.

Les premières manifestations de médiumnité dont il a été l'objet ont été fortuites. Ce sont les gens présents qui l'ont informé de ce qui venait d'arriver. Il refusa catégoriquement le phénomène pendant près de deux ans. Au prix de vomissements et de maux de tête récurrents, il a tout tenté pour faire cesser ces manifestations : hypnose, acupuncture, médication. Puis graduellement, on lui amena des gens en difficulté, qui cherchaient désespérément des réponses à leurs souffrances et à leurs interrogations, et il accepta de les aider. Pendant quelques années, il cumula donc les transes privées et son travail, qui consistait à monter des commerces clés en main. Cette situation s'avéra extrêmement exigeante sur le plan physique et il dut souvent se raccrocher à la phrase que sa mère lui répétait tout au long de son enfance : « Si tu fais du bien à une personne au moins une fois dans ta vie, ta vie n'aura pas été inutile ». Enfin, épuisé, il choisit en 1989 de se consacrer exclusivement au travail de channeling et d'organiser des sessions de groupes où les questions seraient d'intérêt collectif.

### *Simplicité et liberté*

*U*ne grande liberté marque tous les aspects de l'intervention d'Oasis. Il n'y a ni publicité pour les activités, ni cotisation, ni carte de membre, ni obligation, ni suivi de ceux qui choisissent de se retirer. Jamais JRobert n'a toléré qu'on promouvoie le culte de sa personne. Au contraire, il se refuse à jouer un rôle ; le seul terme « gourou » le fait frémir. Peu à peu, il paraît évident que cette simplicité est elle-même garante non seulement de l'absence d'emprise du médium sur les gens mais aussi de la qualité de la transmission, donc des messages :

> « Nous dédions ce livre à une forme [JRobert] qui, au delà des apparences et des critiques, a su rester elle-même. Elle a su rester plus enfant que la réalité, ce qui lui aura permis de vivre des expériences bien au delà de ce qui était permis dans le passé. Nous la remercions aussi pour cette sincérité qu'elle a eue de ne pas jouer de rôle et de rester elle-même.

Encore une fois, l'authenticité de nos propos n'aurait certainement pas été aussi possible si nous n'avions pas eu cette forme ». – Oasis (*tome III*)

L'entourage de JRobert partage la même simplicité et le même respect de la liberté individuelle. Jamais Françoise, la personne de confiance qui l'accompagne durant les transes depuis les tout débuts, n'oblige qui que ce soit à participer à quoi que ce soit. Jamais Maryvonne et Eugène, un couple de Bretons venus vivre au Québec dans les années 1950, n'ont réclamé quoi que ce soit pour leur soutien indéfectible et bénévole. Partout, toujours, des gens qui participent de leur plein gré et que l'on encourage à cheminer selon leur rythme et leur compréhension.

## *Les activités*

Bien que JRobert ait commencé par mettre au service d'individus et de groupes sa capacité à transmettre les messages des Cellules, son travail ne se limite pas à dormir pendant qu'Oasis répond aux questions, même s'il se plaît à comparer son travail à celui d'un conducteur de taxi.

Pendant près de vingt ans, il est incapable d'écouter les enregistrements des sessions ni même d'en lire les transcriptions. Pourtant, il ne cesse d'approfondir par lui-même ses compréhensions et de développer de nouvelles manières de nous faire comprendre notre seule vraie raison de vivre : notre continuité dans le monde parallèle après la vie physique. Ses recherches personnelles ont donné lieu à une série d'ateliers, de conférences et de week-ends de formation destinés à nous donner le goût de cette continuité et les moyens de la réaliser.

La démarche complète avec Oasis comprend quatre parcours successifs :

– trois sessions suivies d'un week-end,
– trois ateliers intitulés « Pas de plus »,
– un week-end dit des anciens,
– un voyage de groupe en France.

Il n'est pas obligatoire de terminer un parcours, sauf si l'on désire entreprendre le suivant.

### Les sessions

Les sessions sont des transes pendant lesquelles les gens peuvent poser à Oasis toutes les questions qu'ils désirent, à condition qu'elles soient d'intérêt collectif et non de nature personnelle. Entre les sessions, on fait parvenir aux participants une transcription grâce à laquelle ils peuvent approfondir les messages reçus et préparer leurs questions pour la session suivante. Le week-end qui couronne les sessions est conçu pour que chacun puisse prendre contact avec la réalité de son Âme et la percevoir.

Comme aucune publicité n'est faite pour les activités de JRobert, quelles qu'elles soient, les gens s'inscrivent aux sessions après avoir entendu parler d'Oasis par quelqu'un de leur entourage ou après avoir lu les livres et contacté la maison d'édition.

Les sessions sont précédées d'une rencontre où JRobert parle de son itinéraire personnel, de lui-même et de son travail de channeling. Élisabeth, une femme d'une grande expérience en milieu scolaire et membre de l'équipe d'Oasis, anime ensuite la soirée de manière à ce qu'au terme de cette première rencontre, le groupe se donne un nom représentatif de sa recherche intérieure ou de sa personnalité.

## Les ateliers

Les ateliers animés par JRobert comprennent des explications, des démonstrations et des exercices pour apprendre à se prendre en main, à se protéger des influences extérieures, à se reconnaître et à se reprogrammer. Résultat de recherches nombreuses, les ateliers sont fondés sur des connaissances relevant de la psychologie, de la neurolinguistique et de l'électromagnétisme; ils incluent aussi des exercices de reprogrammation créés par JRobert. L'ensemble des ateliers forme une interprétation éclairante de la réalité humaine et une méthode de transformation originale basée sur la consultation de soi.

## Les week-ends des anciens

Il est bien difficile de décrire les week-ends des anciens, dont le premier a eu lieu en mai 1994. Les approches inédites de JRobèrt, les perceptions développées, les ressentis qui y sont vécus et partagés sont aussi peu traduisibles que ne le sont les couleurs à un aveugle. Qu'il suffise de dire qu'ils conduisent à la perception et à l'utilisation de notre champ énergétique personnel dans ses liens avec les univers parallèles.

## Les voyages de groupe

En 1993, guidé par Oasis, JRobert se sent de plus en plus attiré par la France. En Europe, la relation avec la mort est différente de celle qui est vécue en Amérique. En Amérique, l'oubli sert à exorciser le deuil, alors que les Européens entretiennent les sites funéraires de leurs proches et leur rendent régulièrement visite. Il est donc possible d'y rencontrer des Entités ayant complété leur cycle d'incarnations – donc qui ont fusionné l'énergie de leur Âme et de leur forme – et qui viennent voir les membres de leur famille dans l'espoir de leur faire percevoir leur présence et de les convaincre de la continuité de la vie après la mort.

C'est ainsi que JRobert est amené à contacter des personnages qui ont réussi leur continuité ; plusieurs ont été ou sont encore célèbres, mais la plupart ne sont pas nécessairement connus. Ces Entités fusionnées contribuent à lui faire vivre la dimension du parallèle et à lui faire comprendre comment s'y prendre pour nous montrer à réussir notre continuité à notre tour.

Il lui paraît bientôt indispensable de nous faire vivre le contact avec le monde parallèle pour nous le faire comprendre, car aucune parole n'arrive à rendre compte de cette réalité. À l'été 1995, il organise donc un premier voyage en France avec un petit groupe. Il constate l'efficacité de cette approche, mais aussi que certains se mettent à avoir peur de ne pas réussir leur continuité. Il choisit alors de concentrer tous ses efforts sur l'élaboration d'une réponse plus complète, plus rassurante et plus rapide. En 1998, JRobert expérimente et développe un système de concepts novateurs, pour ne pas dire révolutionnaires, qui illustrent pour la première fois les relations entre l'énergie du corps et le monde parallèle. Les résultats sont probants. Chaque été depuis 1998, il démontre et partage ces nouveautés lors d'autres voyages.

## Le message avant la personne

Signalons qu'Oasis a demandé que la photo du channel ne soit utilisée ni sur les livres ni dans la promotion. Cette demande fait écho à la règle qui a dirigé la vie et l'œuvre de JRobert: « Que ce soit les messages à travers moi et non moi à travers les messages ».

Peu d'hommes auront eu le courage de renoncer aux choses visibles pour se lancer aussi passionnément dans l'aventure de l'invisible sans jamais chercher de reconnaissance.

## La collection Oasis

La collection Oasis comprend d'abord l'oeuvre des Cellules appelées Oasis : les *Entretiens avec Oasis*. Il s'agit d'une collection de tomes volumineux regroupant les réponses données par Oasis à des gens venus de partout, du Québec, du Canada, de la France, et comprenant un index cumulatif donnant accès aux milliers de sujets traités.

Vient ensuite l'oeuvre de JRobert qui constitue en quelque sorte l'interface pratique des messages d'Oasis. La *Méthode de consultation de soi-même* présente sous forme de guide le contenu des trois ateliers « Pas de plus ». Le livre *La seconde naissance, une raison de vivre* regroupe les concepts développés par le channel depuis 1998, les conférences données en préparation aux voyages de groupe en France et lors de ces voyages.

S'ajoutent enfin des cartes réunissant les pensées de JRobert. Elles permettent de faire résonner au quotidien des affirmations qui prennent graduellement place en nous et nous reprogramment vers plus de légèreté, plus de compréhension et plus de joie de vivre.

### *L'oeuvre d'Oasis*

Les *Entretiens avec Oasis* sont formés uniquement des messages donnés par Oasis depuis 1989. La structure des tomes a été définie par les Cellules elles-mêmes lors d'une transe privée portant spécifiquement sur les publications. Leurs directives touchaient notamment l'organisation des quatre premiers tomes, la présence d'une session générale des groupes à la fin de chacun des tomes et l'ordre des sujets selon leur degré de sensibilité pour nos sociétés.

En juin 2000, Oasis a autorisé la publication en livres de poche des thèmes de cette version originale. Une fois achevée, cette série comprendra près de 80 titres.

## L'oeuvre de JRobert

L'oeuvre de JRobert s'est construite petit à petit à partir d'une expérimentation systématique de concepts et d'exercices nouveaux avec des gens de toute provenance qui participent aux ateliers, aux week-ends des anciens et aux voyages de groupe.

Chaque fois, JRobert remettait aux participants des notes ou des livrets exposant les étapes de la démarche, les pensées et les exercices qu'il avait conçus. Les explications qu'il donnait aux divers groupes s'adaptaient toujours aux préoccupations et aux questions des participants. Toutes ces explications étaient notées ou enregistrées, si bien que les livres *Méthode de consultation de soi-même* et *La seconde naissance, une raison de vivre* constituent la somme originale de toutes les variations dans la manière qu'avait JRobert d'expliquer la matière et de tous les enrichissements qu'il a apportés à son approche au fil des années.

# Le bonheur

Lorsqu'il est bien appliqué, le respect de soi-même conduit à l'harmonie, à l'harmonie de tout ce qui vit, de vos formes, donc de vos pensées. Pour voir ce qui vit autour de vous, pour comprendre ce qu'est l'harmonie, il faut que vous acceptiez de vivre, il faut que vous acceptiez de comprendre ce qu'est la vie et de vouloir la continuer dans tout ce qu'elle implique. Avant ces sessions, la majorité d'entre vous aviez vos petits problèmes, votre existence propre, comme point central de votre vie. Vous trouviez cela lourd, puis vous avez appris qu'il y avait une autre dimension de la vie et que vous pouviez y avoir accès. Puis, il y a eu toutes ces questions que vous nous avez posées pour mieux comprendre. Il faudra mettre ces nouvelles connaissances en place pour pouvoir les utiliser. Il ne faut pas les mettre sur une tablette et attendre, car la vie n'est pas sur une tablette. C'est à tous les jours que vous vivrez des changements et que vous vivrez vos joies et vos peines. *(Les Âmes en folie, IV, 20–07–1991)*

*Comment faire pour augmenter la connaissance, reconnaître ce qui est important en moi ?*

Dans le fond de tout cela, ce n'est pas de savoir comment faire puisque vous le faites déjà, mais c'est comment reconnaître. C'est de vivre vos états d'être, de vous ressentir en d'autres termes, et de savoir le répéter à volonté. Regardez toutes les fois que vous avez été vraiment heureux dans le passé. Comment se fait-il que vous ne puissiez pas toujours vivre comme cela ? Parce qu'on vous a dit que ce n'était pas normal, qu'il y avait aussi des souffrances. Jamais nous n'avons entendu une personne dire que vos vies sont là pour que vous soyez heureux tout au long, et qu'il est normal qu'il en soit ainsi. Au contraire, dès que vous êtes en âge de comprendre, que se passe-t-il ? Vos parents, entre autres, dès qu'ils en ont la chance, vous mettent en contact avec la mort physique de gens qu'eux-mêmes aimaient. Et vous les voyez souffrir, pleurer, et vous vous dites que c'est normal, que

lorsqu'une personne meurt, c'est de la souffrance, des douleurs profondes. Et vous en
devenez convaincus. Combien de fois, par
contre, vous a-t-il été montré à aimer les
gens qui vivent, grands-parents ou autres ?
Pratiquement jamais. Vous êtes laissés
libres dans cela, libres à un point tel que
vous avez encore des problèmes à savoir
quand vous aimez trop ou pas assez. C'est
là que les émotions entrent en jeu, comme
une soupape pour vous arrêter avant qu'il
ne soit trop tard; et encore une autre émotion pour aimer encore plus; et allons
donc ! Cela fait des gens émotifs pour un
rien, pour un tout. Vos sociétés actuelles
sont aussi émotives. Pour quelle raison ?
Elles n'ont pas appris autre chose. Aimer
commence par soi-même. Ce sont les premiers mots qu'on devrait vous enseigner.
Dès que vous savez dire que vous aimez vos
parents – votre mère ou votre père, peu
importe –, ils devraient vous faire comprendre que, si vous les aimez, c'est parce
que vous vous aimez, que vous êtes bien en
vous. Mais ce n'est pas le cas, surtout pas

dans votre monde actuel où tout un chacun programme vos enfants. Vous comprendrez cela dans 20 ans, facilement. Vous verrez, il sera difficile de trouver l'amour chez les plus jeunes, très difficile. Avons-nous répondu à cela ? Sinon, reformulez une autre question. En ce qui nous concerne, nous avons l'éternité, pas vous. Donc, si ce n'est pas tout à fait clair, posez une sous-question. Ce qui compte, c'est que vous puissiez être bien dans cette question. *(Luminance, I, 17–04–1993)*

*Vous dites qu'il faudra entreprendre les recherches nécessaires, est-ce que vous voulez clarifier cela s'il vous plaît ?*

Que faites-vous ce soir ? Vous mettez en vous des mots qui vous toucheront vous-mêmes pour vous forcer à changer, pour vous forcer à prendre conscience de ce que vous faites dans votre vie et, surtout, de votre vie. Ce sont ces changements que nous discutons avec vous. Ils sont à de

multiples niveaux, ne serait-ce que de faire
en sorte que vous saisissiez où est votre
bonheur réel et ce qui cause votre malheur
réel pour que vous soyez mieux avec vous-
mêmes.   Cela vous conduira vers des
changements intérieurs et cela changera
ceux qui vivront à vos côtés.   Vous comprenez cela ?

*En partie.   Peut-être qu'en relisant je vais
comprendre.   (Harmonie, III, 09–01–1991)*

*Lorsqu'on atteint notre mission de
vie, est-ce que la forme va forcé-
ment mourir ou si l'Âme peut se reprogrammer une autre mission de vie ?*

Lorsqu'une Âme s'est programmée dans
une forme pour atteindre un point et qu'elle
l'a atteint, deux événements peuvent se pro-
duire.   Si votre forme reconnaît ce que
votre Âme a fait, si elle est déjà en union
avec l'énergie de l'Âme, rien ne vous
arrêtera.   L'Âme fera tout pour que vous
soyez bien.   Elle aura eu ce qu'elle voulait,

vous aurez ce que vous voulez. Mais si vous ignorez le fait, si vous avez des problèmes pour comprendre ce que vous êtes, comment voulez-vous que l'Âme vous aide ? C'est vous qui allez comprendre que votre mission peut être complète et qui allez vous-mêmes vous en trouver une autre. N'est-ce pas ce qui se produit chez plusieurs lorsqu'ils ont finalement trouvé le bonheur ? S'ils n'ont pas compris, ils tenteront de justifier leur bonheur, alors que d'autres en profiteront. C'est ce qui fait que certaines personnes vivent leur vie constamment ainsi : atteindre le bonheur sans en prendre conscience, puis repartir à nouveau comme s'il leur fallait absolument le conserver de force. Quelle foutaise ! Apprenez donc à le reconnaître lorsque vous êtes heureux, à votre mesure, pas à la mesure de ceux qui sont très riches, pas en enviant les autres, mais en vous enviant vous-mêmes; apprenez à le reconnaître et à le vouloir. Si vous conservez votre bonheur, c'est que vous le méritez. *(Le fil d'Ariane, IV, 14–12–1991) uand on fait les efforts nécessaires pour arriver...*

N'en faites pas, voilà ce qu'il faut faire.

*Je sais que vous savez où je veux en venir, mais j'aurais aimé terminer...*

Nous tentons seulement de corriger les termes.

*Alors, je ne fais pas les efforts qu'il faut pour apprendre à m'aimer ?*

Vous en faites trop.

*J'en fais trop ou je n'en fais pas ? Je fais trop d'efforts pour apprendre à m'aimer ?*

Quel est le but, ici même ? Chaque individu n'a qu'un souhait, s'aimer encore plus. Mais pour ce faire, il faut qu'il y ait un besoin. Demandez-vous ce que cela vous donnerait de vous aimer encore plus... Iriez-vous travailler si vous n'étiez pas payée ?

*Non.*

Personne ne ferait cela. C'est la même chose pour votre forme. Pourquoi travailler à vous aimer ? Pour quelle raison ? Qu'est-ce que cela donnerait de plus ? Quel est le besoin de le faire ?

*Pour me sentir mieux avec moi-même, pour être en paix.*

Ce n'est qu'une réflexion. Qu'est-ce que cela vous donnerait comme besoin d'être en paix avec vous-même ? Quel est le but de cela ?

*D'être heureuse ?*

Et qui peut dire qu'il est heureux ? Votre condition peut sembler malheureuse à quelqu'un d'autre ou malheureuse pour un autre. Qui peut donner les bases du bonheur et du malheur ? La personne qui le vit, individuellement. Personne ne peut dire qu'est-ce qu'être heureux ou qu'est-ce

qu'être malheureux. Vous n'avez jamais vu
des gens très malades être heureux ? Ils ont
leurs raisons d'être comme cela. Rappelez-
vous que votre cerveau ne vous fera ressentir le bonheur qu'une fois que la forme
l'aura vécu. Il faut bien comprendre que,
pour vos formes, si vous ressentez le
bonheur, c'est que toutes les cellules qui
composent vos formes au complet le sont.
Si ce n'est pas le cas, c'est qu'il y a une
raison qui les en empêche, parce qu'en fait
vous recherchez ce qui est déjà. Lorsque
vous voyez un enfant venir au monde,
pensez-vous qu'il est heureux ou malheureux ?

*Il doit être heureux.*

Il doit être ou il est ? Si la souffrance de la
naissance est vraiment vécue dans la forme,
est-il heureux ou non ?

*Non.*

Qu'en savez-vous ?

*S'il souffre, il ne peut pas être heureux.*

Mais sait-il ce qu'est la souffrance ?

*Pas encore.*

Dans ce cas ?... Voilà ! vous commencez à comprendre. Cela veut dire que vous fixez vous-même les normes une fois que vous les avez vécues. Si vous trouvez une raison d'être encore plus malheureux, vous la rajoutez jusqu'à ce que vous compreniez la somme de votre malheur, qui ne sera jamais égale au malheur des autres, de même qu'un bonheur n'est pas calculable. Un peu ou beaucoup, c'est la même chose parce que personne n'a la même mesure. Pour répondre à votre question, faire des efforts pour être encore plus heureuse en vous, cela n'a aucun sens. Regardez ce que vous avez fait pour vous rendre dans cet état et vous comprendrez que vos recherches ne vous donneront rien puisque ça se vit, ça ne se trouve pas. Changez vos normes ! Refusez ce qui ne va pas, rejetez-le ! Trouvez des exemples où vous avez été heureuse, reprogrammez cela dans votre forme et vivez-le ! Vous verrez, vous enlèverez du poids au malheur. Ces normes sont en vous, ce sont des normes que vous établissez, pas des faits. Si vous avez connu les souffrances physiques, vous pouvez imaginer la souffrance de l'enfant qui vient au monde, mais vous pourriez aussi imaginer qu'il est très heureux parce qu'il n'a pas eu de problèmes. Des normes ! Sachant cela, si l'enfant pleure lorsqu'il vient au monde, est-ce de joie ou de souffrance ? Difficile de répondre cette fois, n'est-ce pas ?

*Comment le savoir puisque c'est relatif à lui-même ?*

Tout à fait. Et personne ici n'a le même seuil de souffrance ou de joie. Certains ne rient pas d'une bonne blague; chez d'autres, juste de la commencer les fait rire ! Vous avez des normes et des besoins différents. Dans votre cas, sachant ce que nous venons

de vous dire, quel genre d'efforts devrez-
vous faire ?  Cela en aidera d'autres, n'ayez
aucune crainte.

*Voulez-vous préciser la question ?*

Vous nous avez mentionné que vous
aimeriez être plus heureuse et que vous
faites des efforts, des recherches.  Nous
vous posons la question suivante : sachant
ce que nous venons de vous dire, quelle
serait maintenant la recette miracle pour
être heureuse avec vous-même ?

*Je pense encore que c'est de m'accepter, de
m'aimer; et m'aimer, c'est m'accepter.*

Et comment fait-on pour accepter ?

*On est.  On n'analyse pas.*

Vous acceptez l'expérience déjà vécue et
vous retrouvez des normes qui vous ren-
dront plus heureuse.  Cela veut dire de faire
du ménage dans votre quotidien, d'appren-

dre à accepter ce que vous aimez et de balayer du revers de la main ce que vous n'arrivez pas à accepter. Cela veut dire de reconnaître les tolérances que vous ne pouvez vivre et de les dépasser. Mais cela veut dire encore plus que cela dans votre cas, et nous allons vous le faire dire. Qu'avez-vous fait depuis 12 mois qui serait juste pour vous et qui vous a comblée, en pensant à vous uniquement ?

*Pas grand-chose.*

Et dans ces deux dernières années ?

*Pas grand-chose.*

Dans ces trois dernières années ?

*Pas grand-chose, non plus.*

Vous n'en avez pas assez de cela ? Comment pouvez-vous vivre comme cela dans vos formes ? Pour qui vivez-vous cette vie ? Vos vies sont des expériences individuelles.

Personne n'est attaché ! Vous voulez vous aimer plus ? C'est simple, pensez donc à vous. Trouvez un plaisir qui vous est dû, pour vous, un par jour, ce n'est tout de même pas la fin du monde ! Par contre, c'est tout le contraire qui vous y mènera. Un plaisir... Votre forme réagit dans la totalité et, lorsque vous en ressentez les signes, c'est conscient. Faites-lui plaisir dans l'ensemble. Lorsque vous aurez harmonisé cela consciemment, l'Âme s'y rajoutera d'elle-même, et nous pourrons alors vous dire comment toucher cette énergie. Ce seront alors des larmes de joie que vous aurez, totalement. N'avez-vous jamais songé que, lorsqu'une Âme voit sa forme naître et qu'elle sait qu'elle réussira ce coup de vie, elle est heureuse, elle aussi en pleure, et que l'enfant, malgré les mille raisons que vous pourriez trouver en médecine actuelle pour le faire pleurer, a sa première réaction ? Trouvez-vous une raison, un besoin. Cessez de vouloir être heureuse, faites-en un besoin ! Pour vous encourager ? Rien de plus simple, faites-vous un plaisir par jour.

Osez ! Si vous n'osez pas, vous n'aurez rien.
Nous avons observé tellement de fois que
ceux qui ont un brin de folie avaient de la
latitude par rapport à ceux qui sont serrés
dans leurs pensées ! Rien de plus facile pour
vous perdre que d'avoir trop d'ordre. Un
peu de folie aide. Une question pour vous :
maintenant que vous savez que cela vous est
permis, quelle sera votre prochaine folie ?

*Cela demande réflexion.*

Être sérieuse, ce n'est pas difficile, n'est-ce
pas ? Quelle sera la prochaine folie que
vous ferez dans moins de 48 heures ? Une
folie n'a pas besoin d'être immense...
Quelle attention aimeriez-vous porter à
vous-même et que vous hésitez déjà à
faire ? Qu'est-ce qui vous rendrait heureuse
actuellement ?

*Un travail que j'aime.*

Et actuellement, qu'est-ce qu'il est ? Que
représente-t-il ?

*C'est l'enfer.*

Selon vous, pour quelle raison ?

*Parce que j'ai horreur de ce que je fais.*

N'auriez-vous pas plutôt horreur de ce qu'il vous rapporte ?　Que faites-vous vraiment pour vous avec cela ?　Que faites-vous des biens que cela vous rapporte ?　En termes encore plus clairs, quelle folie les sous que cet emploi vous procure vous permettent-ils de faire ?

*Trop.*

Laquelle entre autres, juste pour vous ?

*Acheter beaucoup de vêtements.*

Mais ce n'est pas ce dont vous avez besoin.

*Non.*

Nous mentionnons une folie pour vous !

Qu'est-ce que cela vous procure vraiment
outre l'enfer d'une garde-robe mélangée ?
Qu'est-ce que cela vous apporte vraiment,
pour vous ? Difficile, n'est-ce pas ?

*Oui. Cela ne me rapporte rien.*

Tout à fait. Comprenez-vous le terme que
vous avez employé pour l'emploi ? Avez-
vous compris pour quelle raison vous
détestez cet emploi ? Il ne vous apporte
aucun besoin. Pour quelle raison votre
forme pourrait-elle vous encourager, même
vous faire voir des gens à vos côtés que
vous pourriez aimer ? Vous avez trouvé, ne
serait-ce que depuis un mois, mille raisons
de le détester encore plus. Si vous n'avez
aucune raison de faire ce travail, c'est parce
que cela ne vous procure aucune folie personnelle, voulue. Dans votre tête actuellement, travail égale quoi ?

*Sécurité financière.*

Autre chose que cela.

*Épanouissement.*

Et encore ? Qu'est-ce qu'il faut pour qu'il y ait épanouissement ?

*Joie de vivre.*

Il faut qu'il y ait un besoin. Vouloir seulement cela, c'est peine perdue ! Quels besoins avez-vous outre la sécurité ? Vous savez que plus vous chercherez la sécurité, plus vous serez insécure. Quel besoin ? Quelle folie ? Trouvez-le, cela presse pour vous. Et lorsque vous aurez trouvé une raison pour vous, même minime, faites la relation entre la permission de faire cette folie et ce que vous appelez l'enfer du travail. Graduellement, vous trouverez des raisons d'aimer votre travail. Actuellement, votre grand besoin, comme pour plusieurs ici, n'est pas de vous cacher sous la sécurité de l'emploi – cela vous aiderait encore plus s'il n'y en avait pas – mais, bien au contraire, de trouver le plaisir de vivre au travers de cela. Pour trouver ce plaisir de vivre, il faut un besoin, un but réel qui vous encouragera à travailler, une folie personnelle et non pour les autres. Il faut habituer vos formes. Comprenez-vous encore mieux ?

*Un peu.*

Qu'est-ce que vous ne comprenez pas ?

*J'imagine que le besoin dont vous parlez n'est pas relié au matériel. À partir de là, j'ai beaucoup de difficulté à voir ce que cela peut être.*

Que pourriez-vous faire qui vous ferait énormément plaisir, juste pour vous ? Cela peut être une forme d'attention.

*Avoir un chien.*

Ce serait l'enfer ! Vous ne trouvez pas ?

*Non.*

Parfait ! Vous commencez à avoir du goût...

*Ah ! je comprends...*

Fort bien ! C'est cela vivre. Cela vous ouvrira à une chose très importante pour vous et cela, nous pouvons vous le donner en cadeau : vos émotions refoulées, celles que vous n'arrivez pas à exprimer, toutes ces fois où vous avez voulu dire que vous aimiez et que vous vous êtes refermée. Chaque fois que le temps venait, vous regrettiez de ne pas l'avoir dit. Ouvrez-vous ! C'est cela que vous commencez à comprendre. À propos de l'animal que vous avez mentionné, vous aurez deux objections; deux personnes de votre entourage vous diront que cela n'a pas de bon sens. Qu'allez-vous leur répondre maintenant ?

*Que c'est ce que je veux, moi.*

Très bien ! Vous sentez-vous mieux ?

*Oui.*

Si vous voulez être mieux dans deux jours, dans trois jours, que ferez-vous ?

*Je vais aller chercher le chien.*

Une fois que vous l'aurez, avec ce que cela impliquera, que ferez-vous pour redevenir bien, sachant comment vous avez fait la première fois ?

*Je vais chercher un autre besoin.*

Tout à fait. Et vous apprendrez à l'apprécier pour vous. Qu'est-ce que cela fera ? Très simple, lorsque vous l'apprécierez pour vous, vous émettrez cette appréciation, et vous aurez des gens qui vous apprécieront autour de vous. C'est simple, mais cela fonctionne. Très bien, vous pouvez respirer ! Vous avez eu une réaction de votre forme sans y penser. Ce n'est pas votre cerveau qui vous a fait respirer, ce sont les cellules de votre forme qui ont demandé cela, ce sont elles qui ont respiré.

Pour quelle raison ? Elles manquaient d'air, elles étouffaient, et vous venez de leur donner une raison de continuer à être bien. Vous comprenez ?

*Oui.*

Fort bien. Nous vous remercions de cela.

*Je vous remercie.  (L'éclosion, II, 24–04–1993)*

*On parle d'unité avec notre Âme et notre forme.  Peut-on remplir les besoins de notre forme si ce n'est pas en accord avec notre Âme ?*

Vous pouvez le faire, mais ce ne sera pas complet, vous n'en aurez pas la satisfaction.

*Donc, l'unité, c'est d'être en accord, Âme et forme ?*

C'est ce que nous appelons la dualité dans l'unicité.  C'est que tous les deux, votre

Âme et votre forme, ne feront toujours qu'un. Et si vous voulez que cela fonctionne, il faut le comprendre comme cela. Si vous voulez que cela ne fonctionne pas, fonctionnez seulement avec la traduction de votre cerveau, ne ressentez rien, faites à votre tête, faites en sorte de constamment décider vous-même sans rien percevoir, vivez vos expériences, vivez vos douleurs. Vous verrez ce que cela rapporte ! Cela fait des vies qui n'ont pas de sens et qui n'ont aucun but. Ce sont les vies que vous vous êtes données actuellement, toutes basées sur la facilité, le matériel, les enfants en deuxième. En fait, leur bien est une justification, mais leur bien, c'est autre chose. Tout est basé sur le matériel ! Vous voulez, voulez, voulez.. vous voulez trop ! Vous avez même outrepassé vos propres besoins, même vos réalités. Où sont vos Âmes dans votre quotidien, dans votre travail, dans vos choix ? Très peu de place. Avant, certaines personnes pouvaient aller dans la religion pour se consoler; maintenant que cela n'est plus, où vous consolez-vous ? Devant vos

téléviseurs, vos jeux électroniques ? Où ?
Où trouvez-vous votre but de vivre, vos
réalités, vos vrais besoins ? Dans vos
besoins, dans vos objets ? Même plus en
vous. C'est vers cela qu'il faut vous rame-
ner, sinon vous trouverez vos vies futiles et
que la guerre a beaucoup plus de sens que
la paix.

*Merci, Oasis.* *(L'éclosion, III, 29–05–1993)*

*Quand on commence à prendre con-
science de nos besoins et qu'ils se
font de plus en plus grands, quelle place
prennent alors les enfants ?*

Faites-les collaborer ! Sinon vous voudrez
vous en départir. Trop de gens font cela
parce qu'ils n'ont pas appris eux-mêmes
avant cela comment être heureux pour eux.
Ils ont cru qu'ils se découvriraient à travers
leurs enfants, mais que chercher ? Ils n'ont
jamais su quoi chercher, et vos enfants ne
seront jamais vous-mêmes. Ce qu'il faut
faire d'abord – bien sûr que vous réaliserez

ce dont vous avez besoin, mais une chose à
la fois –, c'est de prendre conscience de ce
qui actuellement peut vous conduire au
besoin, y incluant votre réalité. Vous serez
sûrement obligés d'abaisser un peu le
besoin, mais vous aurez au moins commencé; c'est beaucoup mieux que de ne
rien faire. Tôt ou tard, ces enfants ressen-
tiront eux aussi le besoin, ne serait-ce que
de vous voir encore plus heureuse. Et si
vous leur démontrez correctement ce qu'est
un besoin par rapport à vouloir quelque
chose, ils le feront eux aussi, et leur besoin
sera de vous rendre heureuse. Dans ce
sens, vous travaillerez ensemble; vous leur
apprenez à vouloir aussi. Quand vous
voulez leur amour, vous le prenez; vous
prenez les moyens pour cela, même en les
gâtant, en leur donnant ce qu'ils veulent.
Vous savez, ils n'ont pas nécessairement les
mêmes vouloirs que vous. Pour un enfant,
il ne s'agit pas de vouloir l'amour, c'est un
besoin, ce qu'un adulte apprend à développer lorsqu'il n'en peut plus. Le suicide, c'est
un manque, un besoin, pas seulement un

vouloir. Songez à cela. Encore faudrait-il
que vous sachiez en quoi c'est différent de
l'égoïsme. Avant de terminer cette session,
laissez-nous vous donner notre définition.
L'égoïsme n'est pas autre chose que de
passer par les autres ou de penser seulement aux autres et de se mettre de côté.
Cela veut dire vivre la vie des autres, pas la
sienne. Et cette tendance vous porte à vous
oublier. Encore une fois, vous vous retrouvez plus tard et vous vous dites : « Que c'est
plate de vivre comme cela ! » Effectivement, vivre pour les autres, c'est très
ennuyant; c'est cela l'égoïsme. Nous savons
qu'on vous a montré le contraire, mais cela
servait une cause, monétaire surtout. Ceux
qui pensent à eux en premier, qui font ce
qu'ils ont besoin de faire, qui apprennent à
s'aimer eux-mêmes au travers de cela, comment ne pourraient-ils pas aimer les autres ?
L'égoïsme, c'est de penser aux autres et de
s'oublier. Vivre, c'est de s'ajuster à soi-
même à tous les niveaux. Bien sûr, cela
demandera parfois de vous gâter ou de
vous faire plaisir une fois par jour; ce n'est

pas trop. Mais il faut le réaliser... Vous aurez à vos côtés des gens qui voudront aussi cela. C'est ainsi que vous apprendrez à être heureux, pas seulement en observant. *(L'éclosion, II, 24–04–1993)*

*J'aimerais savoir comment on peut s'assurer qu'on a vécu pleinement, que ce qu'on a fait était correct.*

Très bien, nous allons répondre. Dans votre quotidien, combien de fois vous arrive-t-il de regarder en arrière ? Et combien de fois vous arrive-t-il de regarder en avant dans les événements que vous avez vécus ? À votre avis ?

*Plusieurs fois en arrière.*

Dans ce cas, c'est que vous n'avez pas tout à fait compris. Les gens heureux n'ont pas à regarder en arrière; ils ne regardent pas s'ils étaient heureux la veille, mais s'ils le sont au moment même. Dans vos quotidiens, c'est la même chose. Si vous regardez souvent en arrière, c'est parce que vous avez le sentiment de ne pas avoir complété ce qu'il fallait faire lorsque c'était le temps. Être pleinement heureux, c'est de ne pas regarder en arrière, mais de regarder la journée même et, encore mieux, regarder un peu plus loin. Devancez votre bonheur, comme cela vous saurez le reconnaître. Une question pour vous : à votre avis, que faut-il pour réussir dans la vie ? Nous avons un peu abordé ce sujet dans la première rencontre. Il ne faut qu'une chose...

*Être soi-même ?*

Pas tout à fait. Il y a des gens qui sont eux-mêmes et qui ne réussissent pas. Qui d'autre peut l'aider ?

*Avoir confiance ?*

Il y a des gens qui ont confiance et font faillite.

*S'aimer soi-même.*

Il y a des gens qui s'aiment et font faillite.
Qu'est-ce qui vous pousse à aller de l'a-
vant ?

*L'espoir ?*

C'est très général.    Vous vivez entre
humains, ne l'oubliez pas.

*Quand on fait ce qu'on aime...*

Oh ! il y a des gens qui font ce qu'ils aiment
mais ne sont pas comblés au quotidien.   Il
ne faut qu'une chose pour réussir.

*La curiosité.*

Il faut une raison ! Vous aurez beau vouloir
tant que vous voudrez, si vous n'avez
aucune raison, rien ne vous poussera à aller
de l'avant.   La raison peut être une personne que vous aimez, mais la raison peut
être vous-même.   Vous pourriez vous aimer
suffisamment pour réussir ! Très peu comprennent cela.   Beaucoup vont trop de l'a-

vant sans réfléchir. Ils croient avoir des raisons, mais ils n'en ont aucune. Et c'est la même chose pour vos vies. Vivre sans raison ? Vous vous gâterez, vous vous achèterez tout ce que vous voudrez mais, lorsque vous croirez tout avoir, qu'est-ce que vous ferez ? Que chercherez-vous ? Oh ! il y a des gens qui ont fait le contraire, qui ont eu une raison trop grande, pas pour eux, mais pour les autres. Ils sont morts comme cela, physiquement. Le juste milieu. Pour savoir si vous êtes heureux, regardez votre quotidien. Demandez-vous combien de fois vous revenez en arrière pour regarder ce qui a été fait. Et si vous vivez toujours en regardant en arrière et très peu au quotidien, c'est que vous n'êtes pas pleinement heureux. Était-ce le sens de votre question ?

*Oui... C'est parce que...*

Donc, 50 %. Reformulez.

*L'autre 50 %, c'est que je voulais savoir si ce qu'on a vécu, ce qu'on a décidé de vivre, ce que la forme a vécu, est vraiment ce que l'Âme avait à vivre.*

Dans l'ordre de 2 à 3 %. Dans une semaine de travail, supposons une semaine de 40 heures, combien de temps sur ces 40 heures vous accordez-vous personnellement, sans être agacés d'aucune façon, pour revenir en vous, vous percevoir, vous ressentir, prendre le temps de vous demander au moins si vous êtes heureux ? Combien de temps vous accordez-vous sur 40 heures ?

*Près de zéro.*

Donc, combien de temps votre Âme a-t-elle dans cela ? Autant. Votre réalité est aussi la sienne. Mais si vous ne prenez pas le temps de vous instruire sur ce qu'elle est, de la percevoir, si vous lui accordez zéro, comme vous dites, soit autant que vous

vous accordez à vous-même, à qui accordez-vous votre temps ?

*À mon travail et à moi-même.*

Mais cela n'est pas profond. Ce n'est pas pour vous-même puisque vous ne vous accordez pas le temps nécessaire pour vous ressourcer. Rappelez-vous ces paroles d'il y a 2000 ans : à moins de renaître, nul ne verra Dieu. Renaître, ce n'est pas une question d'âge, c'est une question de conscience. Si vous ne prenez aucun temps pour vous ressaisir, pour ressentir l'amour qu'il y a en vous et le redistribuer par la suite, comment renaîtrez-vous face à vous-même ? C'est cela la question qu'il faut vraiment poser. À moins de comprendre cela, vous passerez complètement à côté. Qu'est-ce qui se passe dans votre monde actuel ? Vos couples éclatent ! Plus de 70 % divorcent. C'est tout de même un très fort pourcentage, vous ne trouvez pas ? Et cela veut dire que les 25 % de gens qui continuent seront sujets à suivre le 75 % un jour ou l'autre. Quelle en est la raison ? C'est très simple, tout est axé vers l'extérieur de vous-mêmes. Tout ce que vous pouvez vous payer, tout ce que vous pouvez vivre, tout sauf vous voir, sauf être vous-mêmes. Vous avez des sociétés très exigeantes. Cela fait une chose, entre autres, cela vous empêche de concrétiser l'amour que vous aviez décidé dans un premier temps de vivre à deux. Les paiements d'une auto à deux, c'est bien, mais l'amour sur un fauteuil très confortable et une personne qui vous le dit, c'est beaucoup mieux ! Nous avons observé cela des deux côtés. Nous avons observé des gens qui sont seuls et qui sont heureux. C'est très bien, mais ces gens ont des choses à comprendre, ils ont à se rencontrer eux-mêmes. Cependant, ce n'est pas la mission de vie de tout le monde. Vous avez tellement à apprendre ! Vous avez tellement accordé des valeurs là où il n'y en a pas que vous ne savez même plus où regarder pour les retrouver. Vos religions ne suffisent plus, vivre à deux ne suffit plus, vos drogues ne suffisent plus. Vos armes à feu ont l'air d'être une bonne

réponse pour plusieurs... Quel gâchis !
Ouvrez-vous les yeux ! Il y a eu plus de vio-
lence ces 5 dernières années que dans les 25
dernières réunies. Il y a des cas que vous
n'auriez pas pu imaginer il y a 5 ans à peine.
N'ayez aucune crainte, ce n'est rien encore !
Attendez les 10 prochaines années, tout au
plus. Vous verrez que vous aurez de quoi
réfléchir ! Dans vos sociétés du jetable,
vous en êtes rendus à la même chose entre
vous : j'aime, je n'aime plus. Vous avez
oublié les raisons qui vous avaient fait vous
aimer entre vous. Être heureux au quotidien, c'est savoir au moins cela. C'est
apprécier que vous vivez; c'est apprécier
qu'il y ait des gens qui vivent à vos côtés et
c'est donner deux fois plus d'amour à ceux
qui se recherchent pour qu'ils soient aussi
heureux que vous. Mais si vous le faites
comme vous le faites avec des rasoirs jeta-
bles, vous vous rendrez compte que vous
serez seuls longtemps parce qu'un jour ou
l'autre, vous vous mettrez de côté. Avons-
nous répondu cette fois ?

*Oui...*

Ce n'est pas sûr.  Reformulez.

*Vous avez répondu, sauf que je suis un peu déçu de voir que j'ai vécu 28 ans à aimer les gens, à partager, à respecter, à m'être oublié comme cela...*

Vous ne devriez pas avoir cette réaction. Vous devriez voir l'avantage à en retirer. Vous avez pris 28 ans de votre vie à regarder les autres vivre et à apprendre une chose surtout.  Quelle est-elle ?  Nous corrigerons si vous faites erreur.  Quel serait le plus grand avantage ou désavantage à ce que vous venez de nous mentionner, selon vous ?

*Le plus grand avantage à quoi ?*

Vous venez de nous dire qu'en fait vous êtes déçu d'avoir passé 28 ans à trop aimer les autres, n'est-ce pas ?

*Oui.*

Et nous vous disons que dans le fond, c'est une erreur de croire cela puisqu'il y a là un très grand avantage. Quel est-il selon vous ?

*Pouvoir recevoir maintenant ?*

C'est une partie de la réponse, mais la meilleure réponse à vous donner serait que vous n'ayez pas attendu encore 60 ans de plus ! Cela veut dire qu'il vous reste encore au moins 60 ans pour vous aimer. Et vous aurez pris 28 ans à trouver la meilleure façon d'aimer les autres pour mieux vous aimer. Vous voyez comment nous avons retourné cela ? Comme une crêpe !... même si nous n'en avons jamais mangé. Nous n'avons aucune idée de ce que cela peut goûter et ce n'est d'aucun intérêt non plus. En fait, nous voulons vous faire comprendre que, lorsque quelque chose ne va pas, vous êtes toujours portés à rendre cela au pire, à retourner cela en votre défaveur. Ne faites jamais cela ! Ne dévalorisez jamais vos quotidiens ! Jamais ! Retournez cela en avantage. Toujours ! Et vous trouverez les meilleures réponses pour être heureux dans votre quotidien. Vous avez aimé notre réponse cette fois ?

*Complètement. Merci.* (Co-naissance, III, 12-11-1994)

*Quand on a identifié le besoin, qu'on est arrivé à formuler des demandes assez correctes...*

Assez correctes ou correctes ?

*Correctes...*

C'est un peu mieux.

*Et que les événements se déroulent selon ce que nous avions pensé, mais qu'on ne les reconnaît pas ?*

C'est parce que vous ne les aviez pas planifiées correctement, avec pas assez de détails. Si vous oubliez des détails dans vos demandes, dans ce que vous voulez, c'est que vous ne les avez pas vécues assez intensément avant. En d'autres termes, si vous voulez aller visiter Québec, si vous avez ce goût dans la tête au point de prendre votre automobile et de vous y rendre, deux choses peuvent se passer : vous profiterez de votre journée une fois rendue sur place et vous commencerez à voir sur place, ou vous planifierez tout ce qu'il y a entre les deux, toutes les possibilités de vous arrêter et de voir quelque chose d'intéressant. Quelle est la différence entre les deux ?

*Moi, je trouve plus important de profiter sur place.*

Ce qui est important dans cet exemple, c'est que vous verrez mille choses que vous n'auriez pas vues en pensant seulement à la destination finale ou en ne faisant qu'un seul arrêt. Ce que cela veut dire, c'est que

lorsque vous planifiez quelque chose dans
votre vie, reposez-vous mille questions s'il
le faut pour repasser les détails, les points
que vous pourriez avoir oubliés. Ce faisant,
vous les inscrirez en vous. Et lorsque vous
y serez, vous n'aurez pas de surprises; vous
aurez le sentiment du déjà vécu s'il le faut,
si vous l'avez suffisamment planifié.

*Si une occasion se présente et qu'on l'a
ratée, est-ce qu'elle va se représenter ?*

Si vous le voulez à ce point, c'est faisable.
*(L'éclosion, II, 24–04–1993)*

*Vous avez dit de ne pas avoir peur,
d'oser. Lorsqu'on veut oser et que
cela va à l'encontre de notre intuition, de
notre senti...*

Pour quelle raison ? Si cela va à l'inverse,
est-ce parce que vous n'écoutez pas ce que
vous ressentez ? Apprenez à entendre en
vous. Vous êtes portés, pour la grande
majorité, à vouloir plus que ce dont vous

avez besoin. Cela vous conduit à rêver de
ce que vous voulez, à exagérer les faits, à
vouloir beaucoup plus grand que ce dont
vous avez besoin. Là où les déceptions
entrent en jeu, c'est lorsque vous oubliez
l'essentiel et que vous allez plus loin sans
avoir profité des changements qui com-
mencent à avoir lieu. Écoutez en vous ce
que cela ordonne. Si vous croyez que vous
allez trop loin, c'est que c'est trop long.
Revenez un peu en arrière, profitez de l'instant même. C'est comme si, dans votre
quotidien, vous alliez tous à la course vers
un point, mais un point que vous ignorez.
Vous courez, vous êtes essoufflés mais vous
ne savez pas où vous courez. Difficile de
faire place à l'intuition dans cela ! Allez
vers l'essentiel, allez vers vos besoins, pas
vers ce que vous voulez mais vers ce dont
vous avez besoin. Apprenez à écouter vos
demandes avec votre coeur, coupez
l'analyse. Si vous aviez des réponses à tout,
vous les auriez dans vos livres. Si vous
n'avez pas cela dans vos livres, c'est que
c'est ailleurs. Nous vous le répétons, il n'y

a aucune des connaissances de votre
monde qui ne soit déjà dans l'Âme; elle a
tout cela. Croyez-le, c'est déjà un grand
départ. Comme cela vous aurez confiance
en ce que vous entendrez et vous n'aurez
même pas le goût d'analyser. Si vous aviez
bien écouté cette session, entre les lignes,
puisqu'il nous faut vous laisser penser aussi,
vous auriez compris que l'Âme n'est pas
soudée à votre forme, qu'elle peut aller vers
d'autres formes, les chercher pour aider.
Ne dites-vous pas : qui s'assemble se
ressemble ? Pour quelle raison ? Parce qu'il
y a des choses qui se passent et que vous
ignorez. Souvent, cela se fait à votre insu.
Parfois, c'est un coup de foudre; dans
d'autre cas, de l'animosité envers des gens
que vous ne connaissez même pas.
Appelez cela du ressenti, mais vous réagis-
sez tout de même, pour vos protections ou
parce que l'Âme n'en a rien à faire et que
cela lui nuirait. Apprenez à écouter,
apprenez à vous croire. Plus les événements se produiront, plus ils vous seront
utiles, et plus vous aurez de foi. Demandez

une fois et sachez reconnaître quand vous l'aurez. Mais il y a un autre détail à ne pas oublier : planifiez. Qu'est-ce que cela veut dire ? Vous voulez être heureuse, par exemple. Très bien, mais vous vous donnez jusqu'à quand ? Quand voulez-vous être heureuse ? La majorité d'entre vous le souhaite : « Je veux le bonheur ! » N'est-ce pas comme de demander de la nourriture sans savoir ce que vous voulez manger ? Que voulez-vous comme bonheur ? Soyez spécifique. Vous voulez vivre à deux, avec qui voulez-vous vivre ? Est-ce une personne qui vous limitera ? Est-ce une personne qui s'ouvrira et qui vous donnera en retour ? Est-ce une personne qui vous apprend ? Est-ce une personne qui se referme ? Si vous avez besoin de vous ouvrir, il vous faut quelqu'un qui s'ouvre. Sachez le demander, sachez le voir, sinon vous subirez et ce sera à refaire, sans fin. Vous nous suivez ? Autrement dit, allez de l'avant et sachez ce que vous voulez avant de demander ! Vous voulez être heureux ? Quand ? Qu'est-ce qui vous rendra

heureux ? Donnez à votre Âme une chance
de trouver. Ne dites-vous pas qu'il est difficile de trouver une aiguille dans une botte
de foin ? Pour votre Âme, c'est aussi difficile de savoir tout ce que vous voulez vraiment, si vous ne le lui dites pas. Donc,
cessez de prier à l'extérieur de vos formes et
priez-vous dans ce que vous voulez. Bien
dit, n'est-ce pas ? Et encore ce n'est pas
tout à fait ce que nous pensons puisque les
mots ne peuvent le dire, du moins dans
cette forme [Robert]. Donc, planifiez,
sachez ce que vous voulez, demandez et
cessez d'y penser. Sachez vous ouvrir les
yeux cependant, car même votre Âme peut
se tromper. Tout à fait. Parfois, elle se
trompe de forme. *(Arc-en-ciel, I, 09–04–1994)*

*Lorsqu'on veut atteindre un but ou
faire quelque chose qu'on aime,
comment être sûr qu'on ne va pas manquer
son coup ?*

Très bonne question ! Vous avez toujours
72 ans, n'est-ce pas ? [C'est un jeune de 13 ans.]

Comment savoir si vous avez manqué votre coup ou non ? Quelques instants que nous comprenions le sens du mot coup... Oh ! manquer votre but, très bien. Manquer le cou pourrait aussi être de perdre la tête. [rires] Nous voulions nous assurer du terme. Ne vous en faites pas, nous nous amusons un peu. Comment le savoir ? C'est très simple, vivez-le. Vivez votre demande en vous, rêvez-y éveillé dans les moindres détails. Savez-vous pourquoi les gens ne réussissent pas, même s'ils ont une bonne raison ? C'est parce qu'ils ne se sont pas vus déjà réussir. Et lorsqu'ils ont réussi, ils ne se voient pas; ils recherchent encore plus et ne sont jamais heureux. Comment reconnaître le bonheur ? Décrivez-le pour vous-même en premier. « Je serai heureux lorsque... » Ainsi, vous le reconnaîtrez lorsque vous serez heureux. Vous direz : « Je suis heureux puisque j'ai atteint le but que je m'étais fixé. Maintenant, que puis-je faire pour être plus heureux ? » Lorsque vous avez la réponse, écrivez-la car vous l'oublierez. Et lorsque

vous serez dans un état où vous vous direz :
« Est-ce que je suis plus heureux », allez
voir ce qui devait vous rendre plus heureux.
Ce sont des points de repère. Comment
savoir si vous n'avez pas manqué votre
coup ? C'est lorsque vous aurez atteint le
point que vous vous serez fixé et que vous
l'aurez reconnu, alors que les autres
passeront tout droit, reviendront en arrière,
re-continueront, hésiteront, se chercheront.
Imaginez que vous êtes sur une autoroute
et que vous devez prendre la sortie n° 32.
Oh ! prenez celle que vous voudrez, pour
nous, ce sera la 32. Comme vous êtes dans
la lune – nous savons que cela vous arrive
aussi, mais vous ne conduisez pas encore –
vous passez tout droit. Puis, vous rêvez à
l'endroit où vous voulez aller, mais vous
continuez de rouler. Le soir venu, vous
vous dites : « Je suis à la sortie 400. Bon, ce
n'est pas grave, je reviens. » Vous revenez,
et vous passez encore tout droit. Beaucoup
de gens font cela dans leur vie; ils passent
devant le bonheur sans s'en rendre compte.
Au départ, ils se sont fixé des normes qu'ils

ne peuvent même pas comprendre. Ils se
sont empêchés de vivre sans comprendre
où ils allaient. Vous appelez cela des gens
malheureux. Il y en a beaucoup, vous savez.
Fixez-vous des normes; ne vous abattez pas
dès le début. Même si cela n'est que rêvé,
un jour ou l'autre vous y rêverez éveillé. Et
lorsque cela se produit, vous avez 50 % des
chances de réussite déjà atteintes. L'autre
50 %, vous saurez le reconnaître puisque ce
sera ce que vous aurez demandé. Très
bonne question ! *(Co-naissance, III, 12–11–1994)*

*Comment visualiser les demandes
que je ne peux mettre en images et
comment réussir une visualisation pour
demander avec précision, puisque les
images peuvent vouloir dire plusieurs
choses ?*

En fait, vous avez appris à demander tout
ce que vous vouliez dès que vous étiez
enfant. Vous avez appris encore plus jeune.
Lorsque vous vouliez de la crème glacée,
vous l'aviez visualisée pour la demander,

n'est-ce pas ? Et c'est comme cela que vous
avez compris en vieillissant, avec les
années, qu'il fallait demander. Vous visua-
lisez et vous faites tout ce qu'il faut pour
l'avoir. Si cela vient d'une autre personne,
vous serez très gentil. C'est tout cela que
vous faites sans comprendre. Vous croyez
que ce que vous demandez doit être déjà
créé, ce qui vous empêche de faire une
chose très importante, de vous entendre
dans vos réponses ! Il n'y a pas grand personnes ici – six personnes – qui se sont
faites à l'idée de ce qu'était le bonheur et du
moment où elles le reconnaîtraient. Toutes
les autres, qu'est-ce que vous attendez ?
Qu'est-ce qui vous dit que vous n'êtes pas
déjà en train de le vivre et que vous avez
refusé de le reconnaître parce que vous
avez vu des gens qui vous ont semblé plus
heureux que vous ne l'êtes ? C'est quoi
l'humanité ? Des individus qui font des
demandes, des demandes, des demandes
– vous nous direz quand arrêter – des
demandes, des demandes... mais qui n'apprennent pas à reconnaître ce qu'ils ont

déjà. Donc, ils ne font que demander,
comme il vous a été montré à prier, prier,
prier, prier. Tant mieux si vous en avez
assez; c'est cela qu'il faut comprendre.
Vous avez appris à prier pour un tout et
pour un rien et vous avez appris à demander dans le même sens, au cas où. C'est
tout cela qu'il faut remettre en question :
vos façons de vous voir, vos façons d'établir
vos priorités de façon à les écrire et à les
reconnaître lorsque vous les aurez atteintes.
Sinon, vous ne ferez que demander, demander... Il est temps que vous nous arrêtiez !
Vous comprenez mieux votre question
maintenant ?

*Un petit peu mieux, oui.*

Pour demander, il faut savoir reconnaître
en vous l'importance de votre demande
parce que chaque réalisation de votre vie,
chaque demande que vous aurez faite, vous
prendra une bonne partie de vos propres
énergies, ne serait-ce que pour être réalisée.
Donc, vous avez tout intérêt à demander

vraiment – et alors là vraiment – ce dont
vous avez besoin, et surtout à le reconnaître. Mais encore une fois, lorsque vous
demandez, vous demandez dans votre tête
et, lorsque vous reconnaissez, c'est encore
dans votre tête ! Rappelez-vous la personne précédente qui mentionnait qu'elle
était émotive. Ce n'était pas dans sa tête
qu'elle l'était, mais dans toute sa forme. Si
vous apprenez à demander dans le même
sens, vous aurez à coup sûr. La deuxième
phase dans vos demandes, et la plus importante, c'est qu'une fois que vous aurez
demandé avec tout votre être, arrêtez de
demander, sinon cela veut dire que vous n'y
croyez pas. Et vous n'aurez pas ce que vous
ne croyez pas. En d'autres termes, vous
aurez ce en quoi vous aurez cru suffisamment, tout en laissant venir. En ce qui concerne la rapidité de ce que vous aurez
obtenu, ce sera égal à l'abandon que vous
aurez de votre même demande. Compliqué,
n'est-ce-pas ? Vous devrez relire au moins
quatre ou cinq fois ce que nous venons de
dire... *(L'élan du coeur, I, 28-04-1996)*

*Est-ce que la naïveté a un lien avec la sensibilité ?*

Question piège ! En ce sens que, si nous vous disons oui, vous penserez que les gens naïfs sont ceux qui réussiront, qui comprendront le mieux. Mais ce n'est pas dans ce sens. Revenez vers les enfants. Vous pouvez dire qu'ils sont naïfs parce qu'ils ignorent, parce qu'ils n'ont pas le vécu. Ils le font sans comprendre comment ils vivent parce qu'ils vivent en eux. La naïveté ? Vous pouvez appeler l'innocence comme cela; vous pouvez même appeler la pureté des gens comme cela. Appelez-la plutôt simplicité, c'est beaucoup plus simple. Qui d'entre vous n'admire pas le sommeil d'un enfant ? Pourquoi ? Pour une seule raison : lorsque les enfants sont endormis, ils dorment, mais ils ont hâte au lendemain pour jouer, pour profiter, pour créer, pour mille raisons qui leur appartiennent. Il est beaucoup plus rare de voir un adulte se coucher dans cet esprit, beaucoup plus rare. Il y a ceux qui ne trouvent pas le sommeil, ceux

qui le trouvent à force d'avoir des tour-
ments, à force de se remettre en question, à
force d'en avoir suffisamment assez pour
choisir le sommeil.  Ceux qui ont hâte de se
lever le lendemain sont beaucoup plus
rares !  Dans ce cas, vous pouvez dire que
les naïfs comprennent mieux, à condition
que la simplicité soit naïve, mais nous ne
le croyons pas.  Avons-nous répondu à
cela dans le sens que vous l'entendiez ?
Reformulez dans ce cas.

*C'est que, depuis le début, j'ai cru compren-
dre qu'effectivement la naïveté n'avait pas
vraiment de lien avec la sensibilité, mais
j'ai quand même voulu poser la question.*

Oh ! vous savez, vous pouvez prendre le
plus grand criminel de votre monde, et il
aura aussi un instant de sensibilité, celle
qu'il aura connue et reconnue.  Il n'y a pas
un être humain qui n'ait pas de sensibilité.
La différence est plutôt dans la façon de le
démontrer.  Naïf est celui ou celle qui refuse
de voir ce qu'il est ou ce qu'elle est, qui

refuse aussi de comprendre cette dimension intérieure profonde. La joie de vivre, ce n'est pas dans ce que vous posséderez, mais dans ce dont vous aurez profité et dans ce que vous aurez compris. Personne ici n'est seul en soi. Personne ! La naïveté serait de ne pas l'admettre, mais cela ne développerait pas la sensibilité. Par contre, la simplicité de l'admettre vous ouvrira beaucoup plus que vous ne pouvez l'imaginer. *(L'étoile, I, 17–09–1995)*

*Vous parlez de joie de vivre. Je voudrais que vous parliez de la joie.*

Mais parlez plutôt du malheur. Qu'est-ce que le malheur ? C'est un manque de conscience de la joie de vivre. Donc, il n'y a pas de choses comme joie de vivre et malheur, en fait. Il n'y a que vivre, parce que chaque personne qui vit dans votre monde a sa façon de voir la joie. Personne ne peut décrire ce qu'est le bonheur et avoir la vérité pour autant, parce que certaines per-

sonnes seraient malheureuses d'être
heureuses comme les autres et que d'autres
seraient heureuses d'être aussi malheureuses que d'autres. Tout cela dépend
de votre façon de voir la vie. C'est
pourquoi nous disons que ce n'est pas avec
ce que vous verrez, mais avec ce que vous
vivrez et que vous ressentirez en écho à
l'intérieur de vous que vous saurez si vous
êtes heureuse, selon vos normes. Mais
encore faut-il que vous ayez déjà fixé ce
qu'est le bonheur... sans l'attendre. Sinon
comment saurez-vous que vous l'avez déjà
atteint ? *(L'étoile, II, 15–10–1995)*

*Comment peut-on se trouver une pas-
sion de vivre, un goût de vivre qui
permette de concilier les plaisirs de vivre et
les nécessités de la vie ?*

En ne cherchant plus à l'extérieur de vos
formes à combler vos espaces de temps.
Vous cherchez l'espoir de vivre comme si
cela devait vous être donné alors que la
compréhension voudrait que vous preniez

ce qu'il y a à vivre de façon à en profiter.
Prenez votre cas. Qui vous a montré dans
le passé, qui vous a vraiment encouragée à
vous montrer tout ce qu'il y a autour de
vous, à vivre, à prendre, non pas à demander mais à prendre ? Jusqu'où avez-vous
mis les mots sur votre bonheur ? Quelles
sont les conditions que vous vous êtes données ? Sur qui vous êtes-vous fiée ? De qui
avez-vous attendu cela ? Pouvez-vous
répondre à tout cela ?

*Les autres.*

Tout à fait ! Comme si les autres
dépendaient de vous. Et vous en devenez
dépendante. Et surtout, vous vous mettez à
faire ce qu'il y a de moins bien, c'est-à-dire
attendre et rêver. Le bonheur, ce n'est pas
un rêve, c'est être conscient de sa réalité
propre. Voilà ce qu'est un rêve. Et ce n'est
pas en dormant mais en étant éveillés qu'il
faut vivre le rêve, de façon à ce qu'il de-
vienne partie intégrante, consciente, de vos
quotidiens. Prenons votre exemple. Vous

avez tellement cherché autour de vous que cela a fermé vos propres horizons. Vous êtes ce que nous appelons un être qui n'a pas de place particulière. Autrement dit, dès que votre forme découvrira sa joie profonde intérieure, vous pourrez voir la suite... Et cette joie, vous l'avez mais vous vous la refusez encore; cela viendra, n'ayez aucune crainte, d'ici deux à trois mois. Tant que vous n'aurez pas compris ce point et que vous n'aurez pas pu vous toucher vous-même, pas au niveau du nez mais au niveau du coeur, vous ne pourrez entrevoir la suite. Quand nous vous disons que vous êtes une personne universelle en ce sens, c'est que, lorsque vous aurez atteint cela, vous serez à l'aise partout dans ce monde. Il n'y a aucun endroit particulier pour vous; ce sera une vie de découverte. Et tout ce que vous avez fait à ce jour, c'est de vous empêcher de vous découvrir pleinement et de rendre les autres heureux en vous oubliant. Inversez, et vous trouverez la réponse à votre question. *(L'élan du coeur, I, 28-04-1996)*

*Comment faites-vous pour calculer notre temps ?*

En fait, nous ne pouvons pas le calculer. Nous nous basons sur des expériences d'Âmes et d'Entités qui ont eu l'expérience. Avec cela, nous regardons celles qui sont en attente, et nous pouvons comprendre en distance de temps ou longueur de temps ce que cela peut prendre en mesurant. Mais ce n'est que par observation, pas en mesure. Ce pourrait être une mesure évolutive si vous voulez, mais cela ne se mesure pas en temps. D'ailleurs, vous avez tous vécu la même chose. Vous pourriez parler comme nous si vous le vouliez. En effet, lorsque vous êtes très heureux dans un événement, vous occupez-vous du temps ? Au contraire, vous dites : « Que le temps passe donc vite ! » Même si vous avez passé 12 heures avec une personne, vous serez tellement absorbés que vous ne verrez pas le temps passer, n'est-ce pas ? Vous ne voyez le temps que lorsque vous le trouvez long. Dans le cas des Entités, elles le

trouvent très court car elles ont autre chose
à faire. *(L'étoile, III, 12–11–1995)*

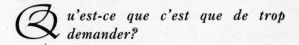

*u'est-ce que c'est que de trop
demander?*

C'est de ne pas être conscients de ce que
vous demandez. Ne dites-vous pas que
trop, c'est comme pas assez ? Trop demander, c'est parce que vous avez été incon-
scients lorsque vous avez reçu. Donc, vous
demandez sur demande. Trop demander,
c'est comme trop se nourrir de nourriture
physique; vous en venez à ne plus avoir
faim. Trop demander aura le même résultat : ne pas obtenir. Et cela finit par affai-
blir vos demandes et vous en venez à ne
plus reconnaître vos vraies demandes. Les
gens ont souvent des demandes juste pour
couvrir ce qu'ils ne peuvent réaliser, très
souvent leur malheur actuel. Vous avez
actuellement, et chaque être humain peut
en profiter, une ouverture sur l'Univers
entier, pas seulement en vous mais sur
toutes les forces qui vous entourent.

Lorsque nous disons cela, nous mentionnons aussi, tel que cette forme [Robert] l'a
expliqué plusieurs fois éveillée au niveau de
ce qu'elle a aperçu dans certains cimetières,
ce qui donne l'exemple à croire et à comprendre cette continuité dont nous vous
parlons tant.    Tout cela, c'est une compréhension.    Cependant, cela ne se vit pas
avec vos yeux mais avec votre coeur, avec
l'amour que vous aurez de vous-même.   Et
vous recevrez toujours dans le même sens.
C'est la même loi qui régit tout : donnant,
donnant.   Demandez et vous recevrez, mais
demandez sans cesse et vous bégayerez, pas
plus.   *(L'élan du coeur, I, 28–04–1996)*

*Y a-t-il eu dans le passé une période
aussi négative que celle d'aujour-
d'hui, de notre époque ? Il y a un manque
d'amour si flagrant !   Quelle était cette
période et comment l'humanité s'en est-elle
sortie?*

Mais elle ne s'en est pas sortie encore !
C'est très simple, n'est-ce pas ?   Vous êtes

toujours dans la même période. Vous essayez de croire le contraire, mais c'est faux. Certains disent que vous êtes à l'ère du Poisson ou encore à l'ère du Verseau, etc. Cela peut être interprété comme une période de changements. Vous savez, les changements se font individuellement. Collectivement, les changements se feront beaucoup plus tard. Mais ce n'est pas le fond de votre pensée. Reformulez cela autrement.

*Actuellement, on traverse une période où il y a un manque d'amour flagrant, le mal a le dessus sur le bien. Donc, pour rétablir le bien, il faut que le mal soit en déficit. Actuellement, c'est le contraire qui se passe, c'est le mal qui progresse...*

Cela dépend des individus. Ceux qui veulent s'attarder à penser ainsi peuvent voir la situation de cette façon, mais n'est-il pas mieux de comprendre autrement ? Laissez-nous vous exposer un autre point de vue. Si vous vous attardez en pensée à ce qui ne

va pas, vous verrez beaucoup de malheur.
Par contre, si vous regardez plus attentive-
ment ce qui est beau et ce qui pourrait
l'être si vous le vouliez, vous ne verrez plus
cela de la même façon. Vous changez le
cours des événements comme cela.
Rappelez-vous ce que nous vous avons
dit : qui s'assemble se ressemble. Regardez ce qui se passe dans vos lieux de
travail. Dès qu'une personne parle malheur, certains se rassemblent autour d'elle
et parlent malheur, alors que d'autres rient
un peu plus loin. Serait-ce que ceux qui
rient ne savent pas qu'il y a des gens qui
souffrent ? Ne serait-il pas plus exact de
croire que ces gens préfèrent rire plutôt
que de pleurer pour rien sur ce qu'ils ne
peuvent changer. Beaucoup pensent mais
ne font rien. Actuellement, si vous voulez
trouver des pensées pour être malheureux
dans vos vies, dans votre quotidien, ce
n'est pas ce qui manque. Cela a été de
tous les temps. Une question pour vous :
quel est le poids d'une pensée ?

*Le poids d'une pensée, c'est le poids d'une autre pensée. Pour combattre cette pensée-là, il faut une autre pensée aussi pesante que la première.*

Très bien. Nous allons recommencer cela autrement. Vous savez fort bien que vous pouvez peser les objets. Vous savez le poids d'une pomme, n'est-ce pas ?

*Oui.*

Alors quel est le poids d'une pensée, dans le même sens ?

*Une pensée, c'est quelque chose de positif, que ce soit positif ou négatif, mais ça a un poids dans l'Univers...*

Oh ! vous ne répondez pas à notre question. Nous avons comparé le poids d'une pensée à celui des pommes; vous évaluez le poids avec des livres ou des grammes. Vous savez ce qu'est un poids ?

*Oui.*

Dans le sens de cette idée de poids, pas au sens de la portée d'une pensée, combien pèse une pensée pour vous ? Soupesez la question comme il faut avant de répondre ! [rires]

*Alors, je vais vous poser une question : prenez un livre qui pèse huit onces. Il y a énormément de pensées dans un volume.*

Foutaise que cela ! Ce sont les pensées d'un autre et c'est celui qui a écrit le livre qui vous dira combien ces pensées pèsent sur ses épaules, pas la matière du livre lui-même. Pour répondre à cette question, une pensée aura le poids que vous voudrez lui donner. Pour certaines personnes, voir quelqu'un pleurer est très lourd. Pour d'autres, cela les fait rire. Pour d'autres, cela les rend indifférents. C'est la même chose avec vos guerres. Certaines personnes ont été très influencées et cela a contribué à rajouter du poids à leurs mal-

heurs de tous les jours... Poids, n'est-ce
pas ? D'autres sont indifférents car ils sont
trop occupés à bien vivre. D'autres ne
voient pas cela car ils voient plutôt ce qu'ils
font tous les jours pour être heureux. Vos
pensées ont le poids que vous leur donnez.
Il en est de même avec l'importance individuelle. Certains êtres se donnent des ego
plus lourds que d'autres. Comprenez-vous
mieux notre façon de vous voir ?

*Oui.*

La pensée n'a de poids que celui que vous
voulez lui donner. Vous appelez cela l'intérêt, l'intérêt d'une pensée. Vous vous
dites : « C'est positif ou c'est négatif. »
Vous accordez plus ou moins d'importance
à vos pensées et, à force de les resasser,
elles deviennent plus lourdes, plus difficiles
à vivre. Donc, la prochaine fois que cela
n'ira pas bien pour vous, que votre vie n'ira
pas, posez-vous donc cette question :
« Quel est le poids de la douleur que je vis
actuellement ? » Et demandez-vous si ce

n'est pas un peu exagéré et combien de fois il aura fallu que vous vous le répétiez pour que cela s'accumule en vous. Vos formes se convainquent d'elles-mêmes de ce qui ne va pas et de ce qui va. Avons-nous répondu à cette question ?

*Oui.*

Tenez-vous toujours à savoir combien pèse un livre ? Parce qu'il y a des volumes qui sont plus épais que d'autres, plus volumineux.

*Plus ils sont gros, moins on s'en sert aussi.*

Mais il y en a qui aiment lire les gros volumes parce que cela leur donne de l'importance, parce qu'ils croient en savoir plus. En fait, ils oublient une fois rendus à la millième page. Ce n'est pas le poids du volume, mais sa valeur qui compte. Rappelez-vous bien ceci : ce ne sera jamais dans un livre que vous apprendrez à vivre. Vous y trouverez des idées. Par contre, ce qui vous touchera directement dans vos émotions et dans vos sentiments changera vos vies. Les livres sont des idées appartenant à d'autres, et qui ont été exprimées. Il vous faut apprendre à exprimer les vôtres. *(Le fil d'Ariane, I, 28-09-1991)*

*Si je comprends bien vos explications, dans la vie de tous les jours, dans nos pensées conscientes, on peut créer notre vie pour être heureux en ayant toujours des idées positives et à ce moment-là notre Âme peut créer cette aide extérieure ?*

Si vous apprenez à passer par votre Âme, vous pourriez avoir de l'aide de l'extérieur si elle ne peut le faire elle-même. Nous vous avons tellement de fois démontré comment faire pour obtenir de notre côté aussi. Nous n'avons pas crié cela à tout le monde, juste à des petits groupes. Rappelez-vous, nous faisons des essais avec vous pour voir jusqu'à quel point vous pouvez de vous-mêmes maîtriser votre vie, jusqu'à quel point vous

changerez, à quel point vous pourrez nous
utiliser aussi. Vous pouvez tellement obtenir
de la vie, c'est pratiquement incroyable que
vous l'ignoriez à ce point ! Cela ne nous
décourage pas. Il y a de la volonté de votre
part. Pour en revenir à votre remarque, ce
n'est pas seulement en ayant des pensées
positives, puisque cela vous est même difficile avec vos tracas de tous les jours, mais
seulement en acceptant ce que vous vivez,
autant ce qui peut être malheureux. Apprenez à accepter, cherchez ne serait-ce qu'une
seule joie dans le malheur et vous en trouverez. Voici un exemple très simple.
Lorsque vous pleurez un être que vous venez
de perdre, trouvez un moment heureux que
vous avez eu avec lui, puis trouvez-en un
deuxième. Vous verrez, ce sera moins lourd.
Vous ressentirez même sa présence. Ce n'est
pas dans les pleurs que vous attirez les Âmes.
*(Renaissance, IV, 07–12–1991)*

Certains croient que la vie est un pensum.
Ce n'est pas cela; c'est beaucoup mieux
que tout cela. *(L'élan du coeur, I, 28–04–1996)*

*J*'ai l'impression d'avoir fait beaucoup de changements dans ma vie,
d'avoir fait des choix.

Sans l'impression, les avez-vous faits ?

*Oui, je les ai faits.*

Donc, commencez en disant : ayant fait
beaucoup de changements...

*Ayant fait beaucoup de changements, j'ai*
*toujours l'impression d'être insatisfait des*
*changements que j'ai faits.*

C'est parce que vous n'avez pas encore pris
conscience de ce que vous avez fait comme
changements.

*C'est vrai.*

Très bien.  Donc, il n'y a pas de question !

*Mais pourquoi suis-je toujours insatisfait ?*

Parce que vous vous demandez trop et que
vous ne savez pas profiter de ce que vous
avez déjà, comme les gens qui ont trois ou
quatre voitures et qui ne les conduisent pas
toutes en même temps. Cessez d'exiger de
vous, cessez de voir des idéaux qui ne vous
feront pas vivre aujourd'hui le mieux de
vous-même, et vous aurez une autre question que celle-ci à nous poser. Maintenant,
reposez-la donc comme vous en avez vraiment le goût, mais en parlant au présent.

...

Il n'y a donc rien à dire sur l'actuel... Êtes-
vous heureux à ce point ?

*Mais pourquoi...*

Qu'est-ce qui fait que...

*Qu'est-ce qui fait que j'ai toujours l'impres-
sion de ne pas être à ma place ? Justement,
je considère que je devrais tout le temps être
heureux.*

Qu'est-ce que vous faites pour vous-même ?

*J'ai l'impression que je fais tout pour moi-même.*

Et qu'est-ce que vous réalisez pour vous-même ?

*Pas grand-chose.*

Avez-vous votre propre réponse ? Vous avez tout, vous avez la joie de vivre, vous avez le sens de la communication, mais vous n'avez pas le sens de l'observation de vous-même.

*C'est vrai.*

Ce qu'il vous faudrait, c'est un petit miroir dans le cou... [rires]

*Je le fais tous les matins.*

Dans le cou ?

*Non, dans mon miroir.*

Donc, il faut le faire un peu plus souvent que cela, au moins l'imaginer. [Bruits de toux] Voyez, il y en a qui s'étouffent, ils ont besoin de miroirs eux aussi... Que nous nous amusons ! *(L'élan du coeur, II, 19–05–1996)*

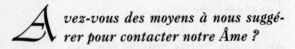**A**vez-vous des moyens à nous suggérer pour contacter notre Âme ?*

Nous avons une question pour vous : comment vous sentez-vous lorsque vous êtes totalement heureuse de vivre, lorsqu'une journée est la plus belle de votre vie ? Comment vous sentez-vous ?

*Je ressens une émotion de bonheur.*

Profonde, n'est-ce pas ? Une sensation que vous voudriez conserver. C'est la sensation et l'état d'être légèrement euphorique de faire ce qu'il faut. C'est tout cela vivre en harmonie. C'est accepter de reconnaître ce qui est heureux et de dissocier ce qui ne l'est plus. Lorsque vous contactez l'Âme, c'est à chaque instant. Vous le savez lorsque vous êtes heureuse. Vous le savez aussi lorsque vous vous nuisez et vous savez quoi faire pour être heureuse aussi. Dites-vous bien ceci : « Toutes les fois que je suis heureuse, elle est heureuse. » Sinon, elle ne laisserait pas cette sensation se faire ressentir dans votre forme. Dites-vous que c'est une approbation qu'elle vous donne. Dès que vous vous remettez en question, dès que vous refusez la vie, vous refusez son aide parce que vous refusez de reconnaître que vous avez droit au bonheur. Ne soyez pas dupes, ce n'est pas parce que vous êtes dans une phase malheureuse – nous ne parlons pas de vous actuellement – qu'il faut absolument demander de l'aide à l'Âme, lui crier au secours. C'est d'agir qui fera la différence. C'est alors que votre Âme pourra vous aider. Elle a aussi intérêt à ce que vous alliez bien, car elle pourra alors vous laisser voir ce qu'elle veut. Il vous a été tellement souvent démontré que

vous veniez au monde pour expier des
fautes, des péchés entre autres, que vous en
êtes venus à croire qu'il fallait une part de
malheur dans vos vies, que cela justifiait le
bonheur, que l'un n'allait pas sans l'autre.
Quelle foutaise ! Vous avez tous droit au
bonheur, mais vous vous remettez si souvent en question ! Que vous vous étouffez
donc souvent ! Pourquoi chercher le malheur absolument ? Pour vous, c'est la vie
qui est un mystère. Pour nous, c'est de tenter de vous comprendre avec toutes vos
forces, vos capacités. Vous vous ignorez,
c'est incroyable ! Il n'y a pas une seule
forme ici qui ne soit pas en mesure d'avoir
tout ce qu'elle veut, pas une seule. Mais
vous êtes tous conscients que vous pouvez
mourir rapidement. Curieux ce mélange...
Vous en arrivez même, lorsque vous êtes
heureux, à regarder les autres qui vous
observent et à ne pas bien vous sentir. Il
vous a été dit il y a plus de 2000 ans, encore
une fois au risque de nous répéter : demandez et vous recevrez. Ne le faites pas avec

des mots, mais avec confiance, avec foi !
Croyez ce que vous voulez, mais croyez-y !
Reformulez votre question maintenant.

*Je ne sais pas.*

Pas facile, n'est-ce pas ?  Avez-vous compris
cela ?

*Ce que j'essayais de dire, c'est que des fois
on veut contacter notre Âme pour avoir des
réponses lorsqu'on a une décision à prendre,
afin qu'elle nous dirige quand on est un peu
perdu.  Ce n'est pas nécessairement qu'on
soit heureux ou malheureux, mais qu'on
veuille connaître un peu plus notre plan de
vie.*

Très bien, nous allons répondre à cela.
Lorsque vous posez une question à l'Âme,
toujours en attendant une réponse bien sûr,
qu'attendez-vous ?  Quel phénomène attendez-vous ?

*J'aimerais avoir une réponse claire et précise de la part de l'Âme pour arrêter de me remettre en question.*

Quelle voix attendez-vous ? Une voix d'homme, une voix de femme, une voix d'ordinateur peut-être ? Ce n'est pas cela ! Vous savez fort bien que, lorsque vous vous posez des questions, vous en avez déjà les réponses, mais vous n'avez pas le courage de les suivre. Vous attendez des signes visibles. Vous attendez que l'Âme vous prenne la main et vous conduise vers ces changements. En fait, ce n'est pas une réponse que vous attendez, car vous l'avez toujours. Nous vous avons dit dans le passé que l'Âme s'exprimera par des émotions que vous vivrez, vous fera voir des images, pas des mots. Si vous développez vos oreilles pour entendre une réponse, vos oreilles internes, bien sûr, vous n'entendrez rien d'autre que la critique de votre cerveau qui vous dira : « Tu n'as pas confiance dans ce que je te dis, mon analyse ne te plaît plus ? Tu es folle d'attendre, tu n'entendras rien. » Et il a raison. Par contre, si vous posez une question par l'image et que vous faites le vide sans tenter d'entendre, sans rien attendre, et que vous vous fiez à ce que votre forme exprimera, à ce que vous ressentirez, aux images qui surgiront, vous aurez une réponse de votre Âme. Elle se taira quand vous l'ignorerez. Si vous vous dites : « Cela ne me plaît pas, cela demandera trop d'efforts », elle se taira; elle croira que vous n'êtes pas prête. Vous savez fort bien que ce n'est pas en restant inactive que votre vie se déroulera. Combien d'entre vous n'acceptent pas leur vie parce qu'ils n'acceptent pas leurs propres comportements, parce qu'ils n'acceptent pas la force qu'ils ont, parce qu'ils ont peur de déplaire et préfèrent se déplaire. Le jour où vous vous direz : « Cette fois, j'en ai assez. Finie la fausse sécurité de l'emploi qui m'insécurise ! Finie l'influence de ceux qui m'entourent quotidiennement pour qu'enfin je puisse moi-même décider ! », ce n'est pas à votre Âme que vous poserez des questions mais à vous-même. Lorsque vous êtes heureuse, vous posez-vous des questions ?

*Non.*

Lorsque cela ne va pas, vous posez-vous des questions ?

*Oui.*

Qu'aimez-vous le mieux entre les deux ?

*J'aime mieux ne pas me poser de questions.*

Dans ce cas, quels agissements vous faut-il avoir pour ne pas vous poser de questions ?

*Il faut... toujours que je sois heureuse.*

Souvenez-vous de ce que vous alliez dire : de toujours choisir ce qu'il faut pour être heureuse. C'était cela que vous alliez dire. Mais le choix ne vous est pas toujours facile, n'est-ce pas ? Donc vous vous demandez : « Pourquoi ne puis-je pas choisir ? » Vous comprenez, c'est ce qui fait toute la différence. Cela vous permet de vous poser des questions. Cela veut dire :

« Peut-être accepterais-je d'être heureuse si j'acceptais enfin de choisir ce qui me rendrait heureuse ? » C'est une question de choix, une question de volonté, mais pas une question d'attente, au sens du temps.

*Des fois, on choisit quelque chose qui, selon nous, nous rendra heureux. Cependant, des facteurs extérieurs comme la société ou des gens qu'on croyait capables de nous rendre heureux nous atteignent, changent nos émotions et on devient malheureux. Est-ce qu'on s'est trompé ?*

Lorsque vous choisissez de faire quelque chose et que cela vous rend heureux, c'est que cela vous convient, c'est que vous avez fait de votre mieux. Vous dites que vos sociétés vous tuent aussi. Donc, serait-ce que le fait d'être heureux dans les temps actuels dérange ceux qui n'arrivent pas à choisir et qui choisissent de nuire aux autres plutôt que de choisir pour eux. Effectivement, si vous embarquez dans [adoptez] la pensée de ces gens, vous serez malheureux. Vous vous sentirez forcés de changer parce que vous n'aurez pas eu la force de leur rire en plein visage, de leur dire : « Je suis heureux ». *Je*, pas nous, pas vous, je. Vous êtes venu au monde seul. Votre mère n'a pas accouché de toute la société, mais de vous, de vous seul, pour que vous fassiez partie d'une société, pas pour que vous copiiez une société malade. Dans vos organismes, il y a des virus mais aussi des anticorps positifs et négatifs. Même dans une société, il y a des éléments positifs et d'autres négatifs. Sachez vous associer à des gens qui sont positifs comme vous et acceptez donc de croire qu'il y ait des gens négatifs envers vous qui ne voudront pas comprendre votre bonheur tant qu'ils n'auront pas accepté leur propre malheur. Souhaitez-vous poser une sous-question ?

*Non, vous avez bien répondu.*

Nous vous remercions. *(Le fil d'Ariane, III, 16–11–1991)*

*Le donnant, donnant, cela me chicotte [m'asticote]. Je suis la dernière de la classe, et je n'ai rien compris. On recommence ?*

Y a-t-il un cours de rattrapage ?

*De récupération. J'accepte la loi du retour, mais dans le donnant, donnant, il y a quelque chose qui ne me rentre pas dans la tête.*

Si quelque chose ne va pas, dites-le donc ! Cessez de tourner autour du pot et parlez franchement.

*Je ne sais pas exactement ce qui ne va pas, mais...*

Est-ce que cela veut dire que cela va dans ce temps-là ? D'un côté, vous dites que vous ne savez pas ce qui ne va pas et, de l'autre, vous n'êtes pas certaine de ce qui ne va pas. Faites-vous une idée... Est-ce que cela va ou cela ne va pas ?

*Cela ne va pas.*

Si cela ne va pas, soyez plus claire.

*Expliquez de nouveau le donnant, donnant, s'il vous plaît. Comment concilier cela ? Comment faire ?*

Nous allons prendre un exemple que vous avez devant les yeux depuis le début. Regardez cette forme [Robert]. Selon vous, est-ce une forme idiote ?

*Non.*

Pour quelle raison fait-elle cela ? Pour quelle raison nous permet-elle de prendre plus de la moitié de sa vie pour faire cela ? Pour quelle raison, selon vous ? Savez-vous ce que coûte une heure avec cette forme ? Ce n'était pas le cas au début, mais actuellement une heure équivaut à sept mois de vie de moins. Vous croyez que nous perdons notre temps à répéter ? Nous aimons trop cette forme pour faire cela. Pour une ses-

sion, 21 mois. Nous avons donné à cette
forme tout ce dont elle avait besoin dans
cette vie; elle fait dix fois moins qu'elle fai-
sait en sous. Pour quelle raison fait-elle
cela ? Trois raisons. Premièrement, elle
aime suffisamment les autres pour le per-
mettre; deuxièmement, elle est prête à
oublier la valeur de sa propre vie si cela
peut rapporter à d'autres; troisièmement,
elle sait que nous ne la laisserons pas
tomber, et jamais nous n'avons failli à cette
tâche. Ce qu'elle demande, elle l'a, peu
importe ce que c'est. Des ficelles, nous en
tirons, croyez-nous. Vous croyez que le
donnant, donnant n'est pas dans cet exemple ? Il l'est à chaque seconde. En le per-
mettant, cette forme donne non seulement
de notre côté, mais aussi à vos formes, pour
qu'elles comprennent autre chose. Chaque
session de trois heures est au moins une
année de moins... Il n'en reste pas tellement dans cette forme, cela se calcule en
mois, ce n'est pas si drôle que cela. Si vous
cessez de tout analyser, si vous ouvrez
votre coeur plutôt que vos oreilles, si vous

apprenez à fermer les yeux pour ne pas voir les réactions de tout le monde, vous commencerez à comprendre le donnant, donnant. Cessez de comparer et d'analyser ce qui se dit avec ce qui se passe dans votre petite vie; ce n'est pas cela la vie. La vie, c'est comme Dieu, c'est l'Ensemble. Vos formes ne sont pas séparées de Dieu non plus. Elles sont cela parce qu'elles sont *dans* cela. Ce n'est pourtant pas compliqué à comprendre ! Ce que vous donnerez à notre niveau, vous le recevrez. Mais donnez pour que cela vaille la peine, et vous recevrez pour que cela vaille la peine. Le donnant, donnant, c'est cela. Ce n'est pas seulement de demander une voiture ou de la nourriture; vous avez cela tout autour de vous si vous faites des efforts. C'est beaucoup plus que cela. La journée où vous serez prête à sacrifier votre vie pour aider, vous comprendrez un peu plus. Si vous ne comprenez pas cela, ce n'est pas la peine de continuer; vous reviendrez dans deux ou trois ans. Prenez le temps de tout relire; cela a beaucoup plus de valeur. Bien sûr, nous retournons parfois certaines vies, mais parce qu'elles ont besoin d'être retournées pour comprendre. Si votre confort actuel ne vous donne pas le bonheur, c'est que ce n'était pas la solution, c'est parce qu'il y a mieux que cela et que vous avez fait fausse route. Devrez-vous être inconfortable pour le comprendre ? Peut-être... Si vous voulez être heureux ou heureuses et, en même temps, voir la différence que cela peut vous procurer que de contacter autre chose que le conscient, continuez d'écouter. Nous pouvons vous donner cela. Nous tentons par tous les moyens de vous faire briser l'analyse pour que vous puissiez vous entendre une fois pour toutes. Ce n'est pas de vous trouver un meilleur emploi qui compte pour nous, mais que vous soyez capables de le reconnaître, de le vouloir, d'avoir la force nécessaire. Nous avons fait en sorte qu'une personne ici rencontre une Âme soeur. Pour cela, il aura fallu qu'elle se déplace au bout du monde. Et nous l'avions avisée que cela se produirait si elle trouvait les solutions pour atteindre ce qu'elle doit atteindre.

Elle est sur le point de le faire; cette personne est ici même. Pour nous, si de faire cette simple rencontre peut lui apporter encore plus de foi dans les possibilités de la vie, si cela peut faire qu'elle se fasse confiance sans analyser constamment, c'est une réussite. Nous ne demanderons pas plus que cela. Soyez assurés que, la prochaine fois, elle verra ce qu'elle devra voir et ne prendra pas cinq ans à se décider. Cela fera des différences; c'est la réalité. Vous pouvez rendre vos vies aussi difficiles que vous voulez, vous pouvez prier tant que vous voudrez, mais si vous ne faites rien, vous n'aurez rien. Si vous faites le premier pas, nous ferons le deuxième pour vous. Nous pouvons facilement faire cela, mais encore faut-il le vouloir ! D'autres questions ? *(Luminance, II, 08–05–1993)*

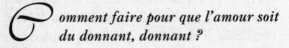

*omment faire pour que l'amour soit du donnant, donnant ?*

Pour cela, il faut comprendre ce qu'est le donnant, donnant. Le donnant, donnant

comme tel, ce n'est pas un coup de poing
pour un coup de poing, ce n'est pas « je vais
t'aimer si tu m'aimes ». Au contraire, le
donnant, donnant, c'est de l'inattendu; c'est
quelque chose que vous faites, qui vous est
remis, et que vous apprenez à reconnaître.
Que de fois n'avons-nous pas dit : si vous
vous aimez à un point tel que vous vous en
rendez compte, vous serez aimé de la
même façon, sans limite, parce que
quelqu'un d'autre l'aura reconnu et le vivra.
C'est un exemple de donnant donnant.
Ceux qui réussissent dans cette vie, selon
vous, quelle est la raison de leur succès que
vous n'auriez pas comprise ? Pour quelle
raison ces gens réussissent-ils ?

*Ils aimaient ce qu'ils faisaient.*

C'est très simple, mais c'est un peu plus que
cela. Ceux qui ont le plus réussi sont ceux
qui ne se sont pas arrêtés aux erreurs, mais
ont su reconnaître comme positif ce que les
erreurs leur apportaient. Donc, ils ne les
refaisaient pas. Donc, ils ne perdaient pas

de ce que vous appelez du temps pour pleurer sur leurs erreurs, au contraire. Une erreur, c'est un pas en avant. Ces gens ont tellement fait de pas comme cela qu'ils ont appris à reconnaître que ce n'était pas de la douleur, mais que cela les conduisait vers la joie, le bonheur d'être, et que cela leur apportait : donnant, donnant. Dans vos vies, c'est la même chose. Garder un projet dans votre tête ne le concrétisera pas; cela s'appelle du rêve. D'un autre côté, si vous faites le premier pas pour le réaliser, même si ce premier pas vous est douloureux, vous l'avez fait, ce que d'autres n'auront pas fait. Et, en échange, vous aurez un plus dans votre vie. C'est pour cela que nous vous disions que, tous les matins, lorsque vous ouvrez les yeux, la première question à vous poserest : « Qu'est-ce que je peux faire pour me faire plaisir ? » Aussi minime que ce soit, ce sera valable. C'est une façon de vous apprendre à accepter un plus pour un moins. Tout doit s'équivaloir, tout doit s'équilibrer. Si vous ne faites pas cela et que vous ne vous récompensez pas, vous ne

vous encouragerez pas à aller de l'avant et
vous vous nuirez. Pourquoi ? Parce que
vous ferez analyse sur analyse, et vous en
viendrez à vous épuiser. Les dépressions
sont cela, des systèmes nerveux épuisés.
Trop d'analyse, trop de vécu émotionnel,
trop refermé... Qu'est-ce qui peut être pire
que cela ? Rien. Donc, qu'est-ce que vous
craignez vraiment ? De vous reconnaître,
d'attendre un état d'être où vous ne pourriez même plus vous reconnaître ou d'avoir
les choix d'être ? *(L'essentiel, III, 17–10–1992)*

*omment savoir si on a accompli sa
mission ?*

Comment vous sentez-vous actuellement ?

*Je me sens légère.*

Hier ?

*Pas mal moins.*

Avant-hier ?

*Encore moins.*

Est-ce une question de poids ? Vous nous
dites que vous vous sentez plus légère.
Quelle en est la raison ?

*Parce que je me sens bien ici.*

Ici, c'est partout. Tout cela n'est qu'une
façon de voir. Reformulez cette question
autrement.

*Comment savoir si...*

Bon ! Nous allons y répondre. Chaque
jour, dès que vous vous éveillez, choisissez.
Parenthèse : nous avons analysé ce que
cette forme [Robert] a dit au début de cette
session; nous savons qu'elle a mentionné
que chaque jour qu'elle vivait était une nouvelle vie. Cette forme n'a pas inventé cela;
nous l'avons fait renaître des dizaines de
fois dans ses rêves jusqu'à ce qu'elle le com-
prenne. Si nous le lui avions dit, elle aurait
eu peur de mourir, elle aurait eu peur que

chaque jour soit le dernier, et ce n'était pas notre sens. En choisissant une nouvelle vie chaque jour, cela veut dire qu'avec toute son expérience passée, elle a deux fois plus de choix. Elle a deux fois plus de latitude si elle choisit de renaître à chaque jour et de revivre que si elle continue ce qu'elle a déjà entrepris. C'est la même chose pour vous d'ailleurs. Pensez à l'ouverture que cela vous donne ! Vous voulez vivre heureux chaque jour ? Faites tout ce qu'il faut pour le choisir à votre réveil, chaque jour. Cela suppose de ne pas revenir en arrière puisque le passé n'existe plus. Pour que ce ne soit pas trop facile, disons que le passé était un avantage pour le lendemain... Si vous l'acceptez dans ce sens, chaque jour sera effectivement une nouvelle vie. Qu'est-ce que cela veut dire ? Cela veut dire que vous ne verrez plus les gens à vos côtés de la même façon; cela veut dire que vous apprendrez à vous respecter et, surtout, à montrer aux autres à vous respecter. Le matin, lorsque vous vous poserez une question comme « Est-ce que j'ai le goût de cette journée ? » et que vous répondrez oui, la question que vous venez de nous poser n'aura plus lieu d'être. D'ici là, efforcez-vous de vous dire une chose : « Hier n'existe plus et demain n'est pas encore arrivé. » Donc, si rien de cela n'existe, il n'y a qu'aujourd'hui : « Je choisis. » Surtout, passez à l'action. Si vous ne savez pas comment cela se fait, demandez à Philippe; il apprendra bientôt. *(L'éclosion, I, 13–03–1993)*

Vous avez reçu beaucoup de mots dans cette session. Lorsque vous les relirez, vous vous rendrez compte qu'il y a parfois deux, voire même trois explications dans une même phrase qui vous concernent personnellement. N'en doutez pas, nous l'avons fait dans ce sens. Utilisez ces mots pour vous, pas pour les autres. Cela changera ceux qui sont à vos côtés et vous rendra aussi heureux. Pour cela, vous avez notre attention et notre amour.

**O**asis

# La collection Oasis

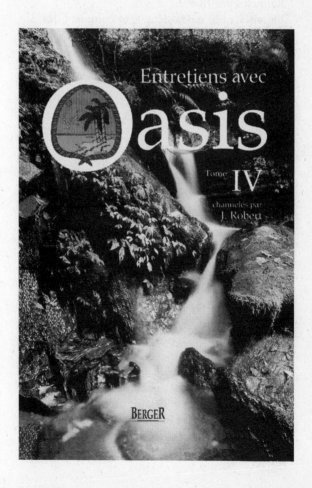

Entretiens avec

Oasis

Tome IV

channelés par
J. Robert

BERGER

**Entretiens avec Oasis, tome I**
Channelés par JRobert
720 pages, avec index détaillé et cumulatif des
    sujets et des noms propres
ISBN 2-921416-05-0
1994
- Ce que sont les Cellules, les Entités, les Âmes et
  les formes
- But de l'intervention actuelle des Cellules sur la
  Terre
- Cycle des réincarnations
- Comment prendre soin de nos formes
- Naissance, vie, respect de soi
- Vieillesse, maladie et mort
- Faux espaces entre la matière

**Entretiens avec Oasis, tome II**
Channelés par JRobert
732 pages, avec index détaillé et cumulatif des
    sujets et des noms propres
ISBN 2-921416-09-3
1995
- Ensemble qu'on appelle Dieu, et religions
- Notre planète
- Âme comme raison de vivre
- Influences, énergies, peurs
- Comment contacter notre Âme à travers les
  rêves, l'intuition, la méditation et l'amour de soi
- Liens entre les faux espaces

**Entretiens avec Oasis, tome III**
Channelés par JRobert
732 pages, avec index détaillé et cumulatif des
    sujets et des noms propres
ISBN 2-921416-11-5
1996
- Rapports entre les humains, sociétés, période
  actuelle d'évolution de la planète
- Sens de la souffrance, pardon
- Affirmation de soi
- Définir son bonheur et faire ses choix
- Lâcher prise et vivre ses changements
- Amour et sexualité
- Pensées, émotions et états d'être
- Réalité de nos vies, Âme comme valeur vraie

**Entretiens avec Oasis, tome IV**
Channelés par JRobert
732 pages, avec index détaillé et cumulatif des
    sujets et des noms propres
ISBN 2-921416-16-6
1998
- Univers, origine des humains et mondes
  extérieurs
- Famille, enfantement, éducation des enfants
- Originalité
- Rôle de la famille et du couple
- Union de l'Âme et de la forme, fusion, conti-
  nuité de la vie après la mort physique

Pour l'ensemble de nos activités d'édition,
nous reconnaissons avoir reçu l'aide financière
du gouvernement du Canada par l'entremise du
Programme d'Aide au Développement de
l'Industrie de l'Édition (PADIÉ)
et de la Société de Développement des Entreprises
Culturelles du Québec (SODEC) dans le cadre du
Programme d'aide aux entreprises du livre
et à l'édition spécialisée.

**Transcontinental**
IMPRESSION
IMPRIMERIE GAGNÉ

IMPRIMÉ AU CANADA